신문이 보이고 뉴스가 들리는 ⑰

재미있는
한국 지리 이야기

신문이 보이고 뉴스가 들리는 ⑰
재미있는 **한국 지리 이야기**

개정판 1쇄 발행 | 2014년 2월 28일
개정판 12쇄 발행 | 2024년 4월 16일

지 은 이 | 이광희 주다현
그 린 이 | 김영랑 권성호
감   수 | 서태열

펴 낸 곳 | (주)가나문화콘텐츠
펴 낸 이 | 김남전
편 집 장 | 유다형
편   집 | 김아영
외 주 편 집 | 아우라
디 자 인 | 양란희
외주 디자인 | 디자인아이
마 케 팅 | 정상원 한웅 정용민 김건우
관   리 | 임종열 김다운

출 판 등 록 | 2002년 2월 15일 제10-2308호
주   소 | 경기도 고양시 덕양구 호원길 3-2
전   화 | 02-717-5494(편집부) 02-332-7755(관리부)
팩   스 | 02-324-9944
홈 페 이 지 | ganapub.com
이 메 일 | ganapub@naver.com
ISBN 978-89-5736-648-6 (74980)

*책값은 뒤표지에 표시되어 있습니다.
*이 책의 내용을 재사용하려면 반드시 저작권자와 (주)가나문화콘텐츠 양측의 동의를 얻어야 합니다.
*잘못된 책은 구입하신 서점에서 바꾸어 드립니다.

*'가나출판사'는 (주)가나문화콘텐츠의 출판 브랜드입니다.

• 제조자명 : (주)가나문화콘텐츠
• 주소 및 전화번호 : 경기도 고양시 덕양구 호원길 3-2 / 02-717-5494
• 제조연월 : 2024년 4월 16일
• 제조국명 : 대한민국
• 사용연령 : 4세 이상 어린이 제품

신문이 보이고 뉴스가 들리는 ⑰

재미있는

한국 지리 이야기

글 이광희 · 주다현 그림 김영랑 · 권성호
감수 서태열(고려대학교 지리교육과 교수)

가나출판사

| 머리말 |

21세기 대한민국의
지리를 소개합니다

　이 책을 쓰다가 문득 어릴 적 지도를 보면서 가졌던 궁금증 하나가 떠올랐어요. 그때 저는 아메리카를 발견한 콜럼버스 전기를 읽고 있었는데, 그가 항해를 시작했다는 에스파냐 남서부에서 도대체 어떤 항로를 따라 아메리카로 갔는지 이해를 하지 못했어요. 왜냐하면 그때 제가 봤던 세계 지도에서 에스파냐는 지도 맨 왼쪽에 있었고, 아메리카는 맨 오른쪽 끝에 있었거든요. 그랬으니 도대체 이 사람은 지구 왼쪽 끝에서 오른쪽 끝까지 어떻게 항해해 갔을까 하고 의문을 가졌던 것이지요.

　그 궁금증은 몇 년 뒤 풀렸어요. 유럽이 지도 중앙에 있고, 그 왼쪽에 아메리카가 그려진 세계 지도를 보고 나서였지요. 그 지도를 보니 에스파냐에서 대서양을 건너면 바로 아메리카더군요. 그 일이 있고 난 뒤 지구본을 살살 돌려보면서 유럽과 아메리카 동부 지역이 그리 멀지 않다는 사실을 다시 한 번 확인했지요. 그때 저는 처음으로 지도보는 재미와 지도의 필요성을 느꼈던 것 같아요.

　이 책은 지도와 우리나라 지리에 관한 책이에요. 지도 안에는 산, 강, 바다, 길, 집, 학교, 병원 등 땅에 서 있는 모든 것이 표시되어 있어요. 우리는 그 지도에 표시된 방위, 거리, 높낮이를 보고 여행을 하고 탐험을 하며, 가고 싶은 곳을 찾아가지요.

    지도가 단순화된 그림과 선을 통해 지형과 지역의 특징을 알려 주는 내비게이션이라면 지리에 관한 책은 그 지역의 특성을 시시콜콜 글로 표현해 놓은 것이에요. 이 책에는 우리나라의 기후, 자연, 환경, 역사, 문화, 생활 모습 등이 모두 담겨 있어요. 말하자면 21세기 대한민국 지리책이라고 할 수 있지요.

    여러분은 이 책을 통해 동고서저인 우리나라의 지형, 사계절이 뚜렷한 대륙성 기후의 특징, 해안선이 단순한 동해안과 해안선이 복잡한 서해안의 차이점 등을 알 수 있을 거예요. 또한 서울특별시부터 제주특별자치도, 가장 최근에 건설된 세종특별자치시, 그리고 군사분계선(휴전선) 넘어 북한 지역까지, 그 지역의 지리와 자연과 역사를 알 수 있어요.

    콜럼버스가 제대로 된 지도를 가지고 있었다면 아메리카를 인도로 착각하지 않았을 거예요. 저 또한 좀 더 다양한 지도를 보았다면 콜럼버스가 어떻게 그 먼 바다를 항해할 수 있었을까 하고 몇 년 동안 고민하지 않았을 거예요. 모쪼록 대한민국 지리책인 〈신문이 보이고 뉴스가 들리는 재미있는 한국 지리 이야기〉를 통해 여러분이 살고 있는 대한민국을 더 많이 알게 되고 더 정확히 이해하고 더 깊이 사랑하게 되는 계기가 되었으면 좋겠어요.

이광희

| 차례 |

머리말 · 4

1장 지도 이야기 · 10

왜 지리를 공부해야 하나요? · 12
지도는 왜 필요해요? · 14
지도는 어떻게 만들어지나요? · 16
지도에는 어떤 종류가 있나요? · 20
지도는 어떻게 읽나요? · 24
한국 지리 지식 플러스 | 실전! 지도 읽기 · 28

2장 한눈에 보는 우리나라 이야기 · 30

우리나라의 위치를 어떻게 설명하죠? · 32
어디까지가 우리나라의 땅, 바다, 하늘이에요? · 36
동쪽이 높고 서쪽이 낮은 우리나라의 지형 · 40
우리나라의 대표적인 산 · 42
우리나라의 하천은 어떤 특징이 있나요? · 46
우리나라의 바닷가는 어떤 특징이 있나요? · 48
우리나라의 평야는 왜 서쪽에 많을까요? · 50
사계절이 뚜렷한 우리나라 · 52
지방 자치 단체와 지역 브랜드 · 54
우리나라 사람들은 어디에 모여 사나요? · 56
교통이 발달하면 공업도 발달해요 · 58
한국 지리 지식 플러스 | 우리나라에서는 내가 최고! · 60

3장 특별시와 광역시 이야기 · 62

우리나라의 수도, 서울특별시 · 64
행정부가 있는 세종특별자치시 · 68
수도 서울의 관문, 인천광역시 · 70
충청도의 핵심 도시, 대전광역시 · 72
호남 지방의 중심 도시, 광주광역시 · 74
경상도의 중심 도시, 대구광역시 · 76
중화학 공업 도시, 울산광역시 · 78
우리나라 제2의 도시, 부산광역시 · 80
한국 지리 지식 플러스 | 특별시와 광역시의 경제 · 84

4장 경기도 이야기 · 86

서울을 둘러싸고 있는 경기도 · 88
경기도의 중심지, 수원시 · 90
경기도 남부의 중심 도시, 성남시 · 92
서울의 위성 도시, 안양시와 부천시 · 94
경기도 북부의 중심 도시, 의정부시와 동두천시 · 96
한국 지리 지식 플러스 | 경기도의 이모저모 · 98

5장 강원도 이야기 · 100

산 높고 물 맑은 강원도 · 102
호수의 도시, 춘천시 · 104
영동 지방의 중심 도시, 강릉시 · 106

설악산과 바다를 품은 속초시와 양양군 · 108
탄광 도시에서 관광지로 탈바꿈하는 태백시 · 110
한국 지리 지식 플러스 | 강원도의 이모저모 · 112

6장 충청도 이야기 · 114

남한의 허리, 충청도 · 116
충청남도의 심장부, 홍성군 · 118
충청북도의 심장부, 청주시 · 120
남한강 중류의 관광 도시, 충주시 · 122
철도 교통의 요지, 천안시 · 124
백제의 혼이 남아 있는 공주시와 부여군 · 126
철새들의 도시, 서산시 · 128
한국 지리 지식 플러스 | 충청도의 이모저모 · 130

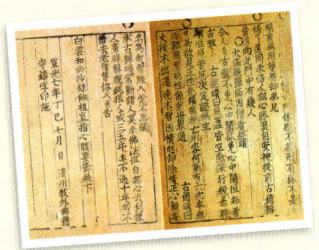

7장 전라도 이야기 · 132

제1의 곡창 지대, 전라도 · 134
전통문화의 고장, 전주시 · 136
서해안 시대의 핵심 도시, 군산시 · 138
호남 최대의 쌀 생산지, 김제시 · 140
전라남도의 도청이 있는 무안군 · 142
느림으로 앞서가는 신안군 · 144
석유 화학 도시, 여수시 · 146
제철 공업 도시, 광양시 · 148
한국 지리 지식 플러스 | 전라도의 이모저모 · 150

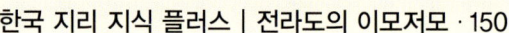

8장 경상도 이야기 · 152

전통을 간직한 가운데 공업이 발달한 경상도 · 154
전통문화가 살아 숨 쉬는 안동시 · 156
신라의 도읍, 경주시 · 158
철의 도시, 포항시 · 160
동해의 끝, 울릉도와 독도 · 162
경상남도의 심장, 창원시 · 164
바다의 도시, 통영시 · 166
한국 지리 지식 플러스 | 경상도의 이모저모 · 168

9장 제주특별자치도 이야기 · 170

휴양과 관광의 섬, 제주특별자치도 · 172
제주도의 중심, 제주시 · 174
제주 관광의 1번지, 서귀포시 · 176
한국 지리 지식 플러스 | 제주도의 이모저모 · 178

10장 북한 이야기 · 180

대륙으로 가는 관문, 북한 · 182
북한의 수도, 평양시 · 186
외국인이 자유롭게 오고 가는 개방 지역 · 188
백두산은 어느 나라 땅인가요? · 192
통일된 한반도는 어떤 모습일까요? · 194
한국 지리 지식 플러스 | 북한의 현재 · 196

사진 출처 · 198
찾아보기 · 199

1 지도 이야기

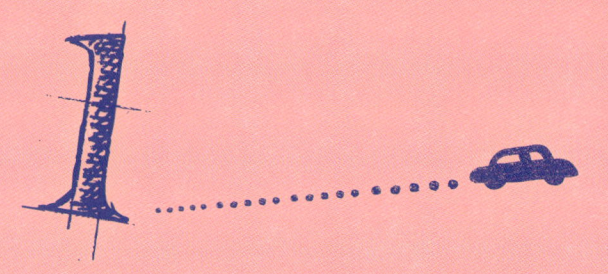

우리는 다양한 지리 정보가 있는 지도를 보고 여러 가지 계획을 세워요.
길을 찾거나 여행을 계획할 때에도 지도를 보면서 해당 지역의
지리를 공부하면 편리한 점이 아주 많지요.
일상생활에 두루두루 쓰이는 지도에 대해서 알아보아요.

왜 지리를 공부해야 하나요?

아프리카 열대 지방에서는 너무 더워서 사람들이 윗옷을 거의 벗고 생활해요. 반면에 북극 지방은 땅이 온통 눈과 얼음으로 덮여 있을 만큼 추워서 사람들이 동물의 가죽으로 만든 옷을 입고 다니지요. 왜 이렇게 지역에 따라 사람들의 살아가는 모습이 다른 걸까요? 그것은 지역의 환경이 모두 다르기 때문이에요.

한 지역에 나타나는 모든 정보를 지리 정보라고 해요. 기후, 산, 강, 평야, 바다 등의 자연환경과 땅 위에 인간이 만들어 놓은 집, 도로, 종교 시설, 역사, 문화 같은 인문 환경을 모두 지리 정보라고 할 수 있어요.

지리학은 공간에 나타나는 모든 지리 정보를 조사하고 연구해요. 기후, 산, 강, 바다, 평야는 물론 오랫동안 사람들의 생활에 영향을 준 역사와 문화, 경제 활동 등이 땅을 어떻게 변화시켰는지에 대해서도 조사하고 연구하지요.

지리학은 다양한 분야를 연구하기 때문에 여러 학문과 관련되어 있어요. 땅에 대해 연구하는 학문이니 지구 과학을 알아야 해요. 또한 한 지역이 역사적으로 어떻게 발전했는지 이해하는 역사학, 지도 위에 축척을 나타내는 수학, 인구와 산업 활동 비율 등을 조사하는 통계학 등 여러 학문과 관계가 있답니다.

우리는 일상생활에서 지리 정보를 다양하게 활용하고 있어요. 우리는 낯선 곳을 찾아갈 때에도 지도나 내비게이션으로 길을 찾아요. 나라에서는 지역을 개발할 때 자연환경과 인구, 위치, 교통 등을 조사하여 그 지역에 가장 적합하게 개발해요. 또 강물이 넘치면 지도를 보고 강물이 지나가는 지역을 파악하고 강물의 높이를 재면서 홍수에 대비하지요. 지리 정보는 감염병 환자가 발생했을 때에도 활용할 수 있어요. 어느 지역에 감염병이 돌면 환자가 발생한 지역의 지도를 보면서 환자 수를 기록하고 감염병이 더 이상 퍼지지 않도록 관리해요.

세계화되고 있는 지금은 세계 여러 나라의 지리 정보가 더욱더 중요해요. 개인적인 여행뿐만 아니라 나라와 나라 사이의 무역에 있어서도 지리 정보는 아주 중요한 역할을 하지요.

지도는 왜 필요해요?

우리는 주변에서 지도를 쉽게 볼 수 있어요. 우리나라 지도나 세계 지도 한 장쯤은 여러분 방 안에 있을 테니까요. 그럼, 지도가 무엇인지 그 뜻부터 알아볼까요?

지도는 '땅 지(地)', '그림 도(圖)', 즉 땅을 그린 그림이에요. 땅 위에 있는 산, 강, 바다, 도로, 도시의 위치 등을 기호나 문자를 사용해 한눈에 볼 수 있도록 그린 그림이지요.

지도는 길을 찾을 때 정말 쓸모가 많아요. 지도에는 큰 도로와 지하철, 교회, 병원, 백화점, 아파트 등이 기호로 표시되어 있어서 쉽게 길을 찾을 수 있어요. 지도는 전쟁에서 군인들이 작전 계획을 세울 때도 꼭 필요해요.

아메리카를 발견한 콜럼버스의 이야기는 지도가 왜 필요한지 잘 이야기해 주고 있어요. 콜럼버스는 지리 상식과 지도 한 장을 가지고 아메리카를 발견했어요. 콜럼버스는 세계 지도를 보면서 서쪽으로 계속 항해하여 아메리카를 발견했지요. 만약 콜럼버스가 당시에 지도를 구하지 못했다면 어떻게 되었을까요? 아마 유럽인이 아메리카로 진출한 시기도 늦춰지고, 아메리카의 역사도 달라졌을 거예요.

이처럼 지도는 어떤 곳을 직접 가지 않고도 그 지역의 위치와 정보를 쉽게 알 수 있도록 해 주어요. 그래서 우리의 일상생활에 두루 쓰이지요.

지리 뉴스

말하는 지도, 내비게이션

자동차를 타면 엄마, 아빠가 내비게이션을 켜는 것을 볼 수 있어요.
내비게이션은 실시간으로 지도를 보여 주며 가는 길을 가르쳐 주어요.
"오른쪽 차선으로 가세요.", "200m 앞에서 우회전하세요."
내비게이션은 어떻게 가는 길을 금방 알아낼까요?
내비게이션은 인공위성에서 위치 정보를 받아요. 이렇게 인공위성을
통해 위치를 찾는 것을 위성위치확인시스템(GPS)이라고 해요.
우리가 목적지를 입력하면 위성에서 위치 정보를 받아서 출발지에서
목적지까지 운전해서 갈 수 있는 길을 알려 주지요. 정말 길 찾기 편하지요?

지도는 어떻게 만들어지나요?

지도를 보면 어떤 지역의 모습이 한눈에 들어와요. 마치 하늘에서 밑에 있는 땅을 내려다보는 것처럼 말이지요. 서울의 지도를 한번 볼까요? 지도에는 관악산이 632m로 가장 높고, 그다음에 남산이 262m로 높아요. 서울의 경계도 표시되어 있네요. 또 한강이 서울을 거의 반으로 나누며 흐르고, 한강 위에 놓인 다리도 보여요. 도로와 전철 노선도 거미줄처럼 얽혀 있어요.

서울의 지도가 이렇게 자세한 것은 지도를 만드는 기술이 발달했기 때문이에요. 요즘은 인공위성이나 항공 촬영을 이용해 아주 자세하고 정확한 지도를 만들 수 있답니다.

그럼, 지도를 어떻게 만드는지 자세히 알아보아요.

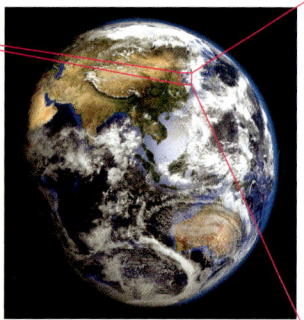

위성 촬영

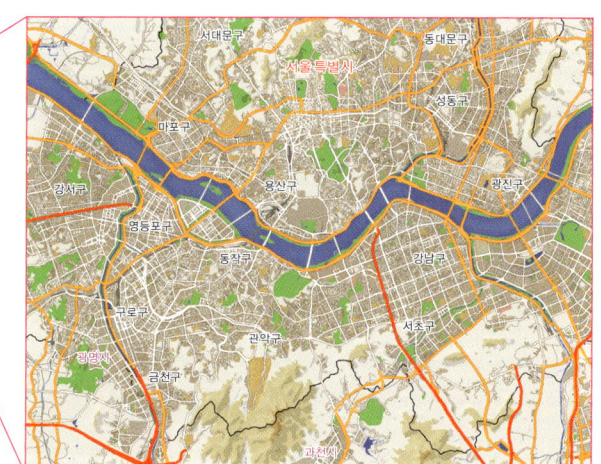

서울 지도

사진 촬영

지도를 만들 때는 맨 처음 인공위성이나 비행기에서 해당 지역을 사진으로 찍어요. 인공위성은 지역의 실제 모습을 촬영하기 때문에 사진이 아주 입체적이고 정확해요. 또 주기적으로 지역을 관측할 수 있어요.

비행기에서 찍은 항공 사진은 사람이 가기 힘든 지역과 넓은 지역을 짧은 시간에 관측하는 데 아주 좋아요. 항공 사진은 비행기에서 특수 카메라로 한 지역을 거듭 겹쳐서 촬영해요. 하지만 항공 사진은 실제 모습과 다를 수 있어요. 항공 사진에서는 언덕이나 산이 깊이 패어 있는 계곡보다 더 크게 보이거든요. 비행기의 카메라가 계곡보다는 언덕이나 산이 더 가깝기 때문에 이러한 차이가 생겨요.

측량

측량 기구를 써서 땅바닥을 비롯해 물속, 지하, 공중에 있는 어떤 지점의 위치를 확인하거나 지형의 높낮이와 넓이 따위를 재는 것이에요. 측량은 아주 오랜 옛날부터 시작된 중요한 기술이에요.

사진 측량

사진을 보고 지역에 있는 산과 건물의 높이, 거리, 크기 등을 측량하는 방법을 사진 측량이라고 해요. 사진을 측량할 때에는 기준이 되는 건물과 지형의 높이를 기준으로 사진에 찍힌 산, 강, 건물, 터널, 비행장, 논과 밭, 도로와 철도의 너비와 높이를 측량해요. 이렇게 사진만 보고 측량을 하면 넓은 지역이라도 빠르게 측량할 수 있어서 조사하는 데 드는 경비를 많이 줄일 수 있어요.

직접 측량

사진 측량은 사진만 보고 물체의 거리와 높이를 재기 때문에 실제와 차이가 날 수 있어요. 사진 상에서 잰 남산의 높이와 측량 기구를 이용해 직접 남산에 가서 잰 높이는 차이가 날 수 있는 것이지요. 이러한 오차를 줄이기 위해서 현장에 가서 직접 물체의 높이와 거리를 재는 것을 직접 측량이라고 해요.

측량 기사는 항공 사진과 인공위성에서 찍은 사진을 바탕으로 남산에 가서 직접 남산의 높이를 재고, 한강의 길이를 재요. 이렇게 하면 사진에 나타난 지점의 높낮이와 거리를 보다 정확하게 잴 수 있어요.

현지 조사와 지도 그리기

지도는 사진 측량과 직접 측량한 자료를 바탕으로 그려요. 이렇게 그린 최초의 기본 그림을 원도(原圖)라고 해요. 그다음에는 항공 사진을 확대한 사진을 바탕으로 직접 현장을 조사해요. 이것을 현지 조사라고 해요.

큰 건물에 가려서 안 보였던 건물은 없는지, 사진에서 빠진 길은 없는지 일일이 확인하지요. 이런 과정을 거치면 사진에 나타나지 않은 부분까지도 지도에 자세하게 나타낼 수 있어요. 이처럼 현지 조사 결과를 원도에 반영하면 지도가 완성된답니다.

지리 뉴스

우리나라가 세계의 중심이야

우리가 사용하는 세계 지도는 우리나라와 태평양이 지도 한가운데에 있어요. 하지만 유럽에서 사용하는 세계 지도는 유럽이 지도의 한가운데에 있고, 지도의 왼쪽과 오른쪽 옆으로 태평양이 나뉘어 있어요. 어느 나라든 자기 나라를 세계의 중심으로 보기 때문에 나라마다 세계 지도가 다른 것이에요.

자기 나라가 세계의 중심이라는 생각은 오래전부터 있었어요. 우리나라에서 가장 오래된 지도인 〈혼일강리역대국도지도〉는 중국과 우리나라가 세계의 중심에 있고, 유럽과 아프리카는 아주 작게 그려져 있어요. 이 지도에는 당시 아시아가 세계의 중심이라는 동양 사람들의 가치관이 고스란히 나타나 있어요.

이렇게 자기 나라를 지도 중앙에 넣고 세계 지도를 그리면 여러 가지로 편리해요. 나라끼리 무역을 할 때나 다른 나라를 지나는 도로와 철도를 놓을 때에도 자기 나라에 유리한 위치와 거리를 금방 파악할 수 있거든요.

유럽이 중심인 세계 지도

중국과 우리나라가 중심인 〈혼일강리역대국도지도〉

지도에는 어떤 종류가 있나요?

사람들은 지도를 보고 길을 찾고, 목적지까지 얼마나 멀고 가까운지 가늠해요. 기업에서는 공장을 지을 땅을 찾고 가게를 열 때에도 지도를 보고 어느 곳이 좋은지 결정하지요. 또한 정부에서는 국토를 효율적으로 이용하기 위해 지도를 보고 계획을 세워요.

이렇게 다양하게 이용되는 지도는 사용 목적과 지도의 내용, 축척, 만드는 방법에 따라 여러 가지 종류로 나뉘어요.

일반도와 주제도

지도는 내용에 따라 일반도와 주제도로 나뉘어요. 일반도는 땅의 모양, 국가나 지역 간의 경계, 도시와 마을, 도로 등이 그려져 있어요. 일반도에는 행정 지도와 지형도가 있어요. 대륙별 세계 지도나 국가의 행정 구역 경계가 나타나 있는 지도를 행정 지도라고 해요. 행정 지도는 정부나 지방 자치 단체에서 지역 개발 계획을 세울 때 많이 사용해요. 지형도는 산이나 강, 호수 등의 자연환경을 그린 지도예요. 나라에서는 댐이나 다리 등을 건설하기 전에 지형도를 보고 가장 적합한 지역을 찾아요. 또 지형도는 사람들이 등산을 가거나 캠핑할 때에도 중요한 길잡이가 되지요.

그럼, 주제도에 대해 알아볼까요? 주제도는 말 그대로 필요한 주제와 관련된 내용만 골라서 그린 지도예요. 주제도는 기후도, 관광 지도, 지하

일반도

주제도

철 노선도, 인구분포도, 토지 이용도°, 항공도°, 일기도° 등 아주 다양해요. 지방 자치 단체에서는 관광객을 위해 문화유산과 경치가 좋은 곳만을 표시한 관광 지도를 만들어요. 항공사에서는 비행기가 가는 길만을 표시한 항공도를 만들고요.

대축척 지도와 소축척 지도

지도는 축척에 따라 대축척 지도와 소축척 지도로 나뉘어요. 대축척 지도는 5만분의 1이나 2만 5000분의 1 지도처럼 좁은 지역을 자세하게 그린 지도예요. 소축척 지도는 넓은 지역을 간략하게 그린 지도예요. 백만분의 1, 25만분의 1 지도 등이 소축척 지도에 속하지요. 대축척 지도와

토지 이용도
토지의 이용 현황을 나타낸 지도예요.

항공도
항공기가 상공에서 지나는 길을 그린 지도예요.

일기도
일정 시간, 일정 지역에서 관찰되는 대기 상태를 보여 주는 지도예요.

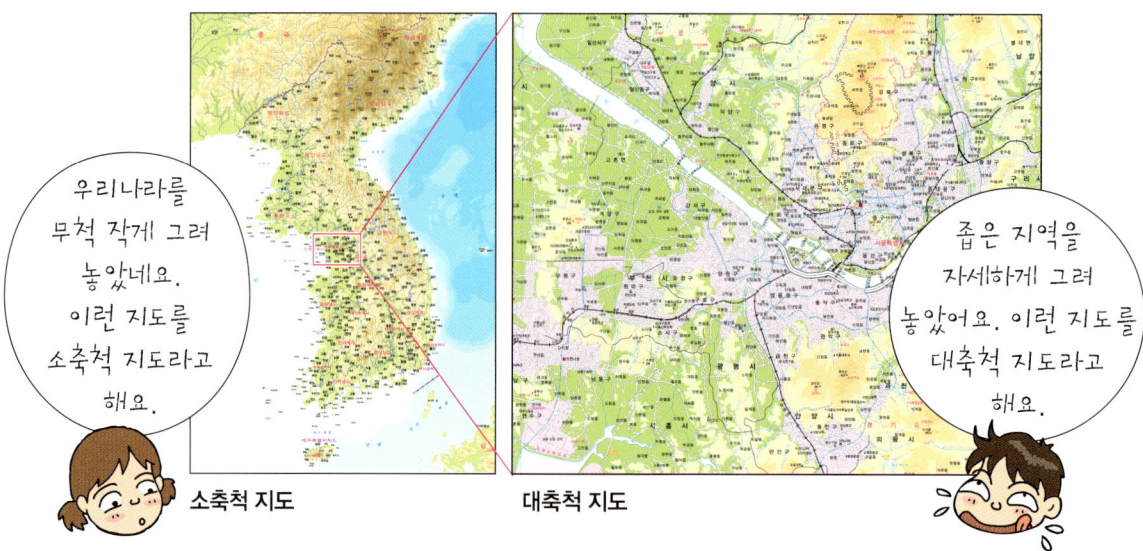

소축척 지도 　　　　대축척 지도

소축척 지도를 구분하는 것이 조금 헷갈린다고요?

　동네 지도와 세계 지도를 비교해 볼까요? 여러분은 동네 닭튀김 집이나 중국 음식점처럼 배달을 하는 가게 벽에 커다란 동네 지도가 붙어 있는 것을 본 적이 있을 거예요. 이처럼 좁은 지역을 크게 그린 동네 지도가 바로 대표적인 대축척 지도예요. 소축척 지도는 세계 지도처럼 아주 넓은 지역을 간단하게 줄여서 표현한 지도랍니다. '동네 지도=대축척 지도, 세계 지도=소축척 지도'. 어때요? 머리에 쏙 들어오지요!

실측도와 편찬도

　지도는 실제 측량해서 그린 실측도와 우리가 원하는 주제만을 뽑아서 그린 편찬도로 나눌 수 있어요. 산, 강 같은 지형을 그린 지도는 사람이나 인공위성에서 측량하여 그린 실측도예요. 어떤 지역의 모습을 있는 그대로 보여 주지요. 지형도, 해도˚ 등이 대표적인데, 이러한 지도는 실제로 측량한 것을 바탕으로 그렸기 때문에 다른 어떤 지도보다 자세하고

해도
바다의 상태를 자세히 적어 넣은 항해용 지도예요. 바다의 깊이, 바다 밑의 성질, 암초의 위치, 조류의 방향, 항로 표지, 연안의 약도 따위가 자세하게 나와 있어요.

정확해요.

　편찬도는 실측도에서 원하는 목적에 맞는 주제만 모은 지도예요. 전국 교통 지도는 교통이라는 필요한 내용만 뽑아 만든 편찬도랍니다. 우리나라 전도, 세계 전도, 관광 지도 등도 편찬도예요.

　우리가 쓰는 지도는 여러 가지 종류에 중복되는 경우가 많아요. 예를 들어, 지형도는 실제 측량으로 제작된 실측도이자 좁은 지역을 자세하게 그린 대축척 지도예요. 또 지형과 마을, 토지 이용을 자세하게 그린 일반도이지요. 또 운전할 때 흔히 보는 전국 교통 지도는 필요한 주제만 뽑아서 그린 편찬도이자 우리나라 전체를 간략하게 나타낸 소축척 지도이고, 또한 교통이라는 주제와 관련된 내용만 뽑아서 그린 주제도이지요.

지리백과

지도를 그리는 국토지리정보원

국토지리정보원은 우리나라의 지리 정보를 모으고 연구하는 국가 기관이에요. 이곳에서는 지도를 만들기 위해 다양한 측량을 해요. 그리고 현지에서 여러 자료를 모아 지도를 그리고 이를 인쇄해요.
국토지리정보원이 하는 일 가운데 가장 기본적인 것은 국가 기본도를 만드는 것이에요. 국가 기본도란 우리나라 지도의 기준이 되는 지도를 말합니다. 여러분의 교실에 걸려 있는 대한민국 전도도 국가 기본도를 바탕으로 그린 지도예요. 이 국가 기본도는 우리나라 국토의 실태를 정확히 파악하여 국토 개발을 위한 각종 사업을 계획하는 데 꼭 필요한 자료예요.

지도는 어떻게 읽나요?

지도를 한번 펼쳐 볼까요? 구불거리는 선이 층층이 있고 숫자가 적혀 있어요. 또 암호 같은 기호가 지도를 덮고 있지요. 이렇게 복잡한 지도는 어떻게 읽어야 할까요?

지도에서 거리와 방향, 땅의 쓰임새, 땅의 높고 낮음을 어떻게 나타내는지 살펴보고, 지도를 읽어 보아요.

땅의 높고 낮음을 알려 주어요

지도에서 산의 높낮이는 어떻게 나타낼까요? 산처럼 높은 지형의 높이를 표시하는 방법에는 여러 가지가 있는데, 색깔이나 등고선을 사용하는 방법이 주로 쓰여요. 색깔로 나타낼 때에는 연한 색에서 짙은 갈색으로 갈수록 점점 고도가 높은 곳이에요. 그러니까 연한 색은 낮은 곳, 색깔이 짙은 갈색은 높은 곳이지요.

등고선은 높이가 같은 지점을 선으로 이어 놓은 곡선이에요. 등고선을 보면 산의 높낮이와 함께 경사가 급한지 완만한지도 알 수 있어요. 등고선 모양이 원 모양으로 작게 그려진 부분이 봉우리이고, 봉우리 쪽으로 굽어들어간 부분이 골짜기, 바깥쪽으로 내민 쪽이 산등성이예요. 또한 등고선 사이가 좁을수록 경사가 급하고, 사이가 넓으면 경사가 완만하지요. 이제 등고선만 보고도 어디가 높고 낮은지, 경사가 급한지 알겠지요?

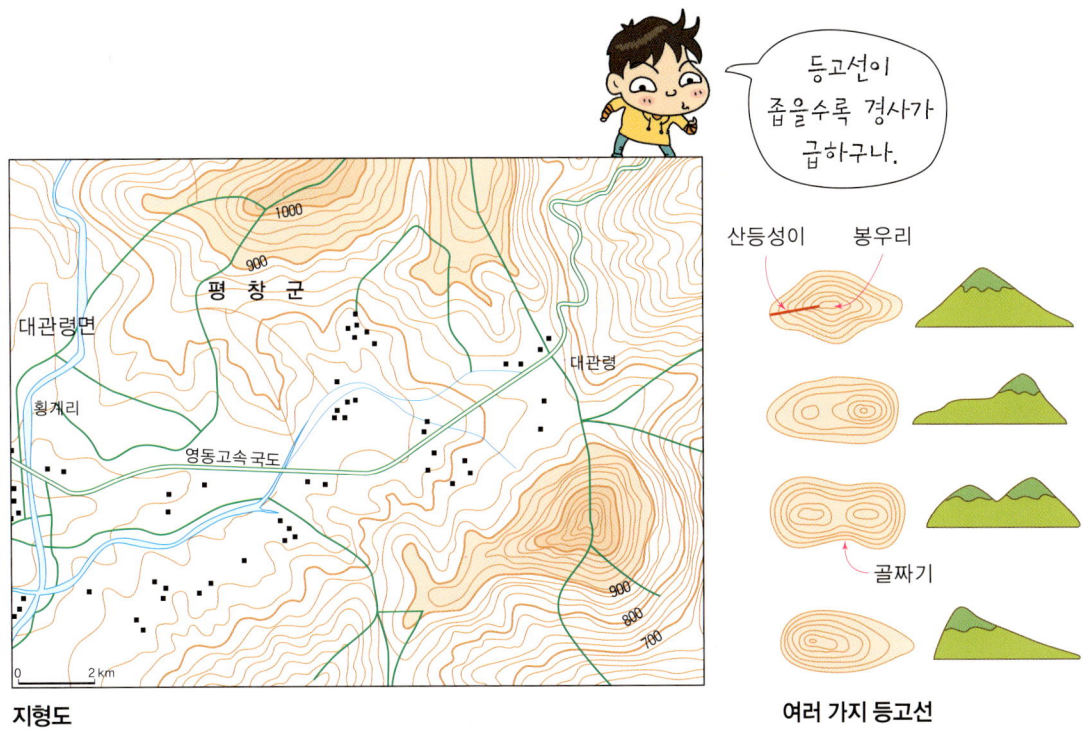

지형도

여러 가지 등고선

방향을 알려 주어요

지도에서는 방위표를 보고 방위를 알 수 있어요. 방위는 지도에 나타낸 동서남북의 방향을 말해요. 방위 표시가 따로 없을 때에는 어떻게 방위를 알 수 있을까요? 일반적으로 지도의 위쪽이 북쪽이 되도록 그려요. 따라서 위쪽이 북쪽, 아래쪽이 남쪽, 왼쪽이 서쪽, 오른쪽이 동쪽

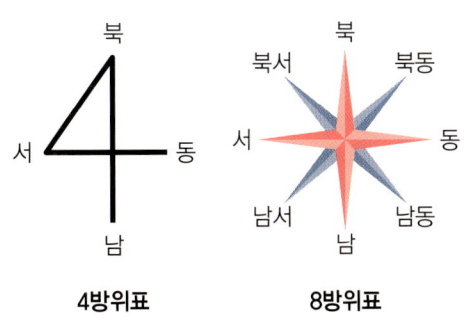

이라고 보면 돼요. 방위 표시에는 4방위표와 8방위표가 있어요. 4방위표는 숫자 4와 모양이 비슷하게 생겼어요. 8방위표는 동서남북 4방위 사이에 북동, 남동, 남서, 북서 등의 방위를 표시하지요.

낯선 곳에서 지도를 보고 목적지를 찾을 때에는 지도에서 현재의 위치를 찾은 다음, 방위를 정하면 목적지를 쉽게 찾을 수 있어요. 방위를 어떻게 정하느냐고요? 나침반을 꺼내 북쪽을 가리키는 바늘을 지도 위쪽에 맞추면 된답니다.

거리를 알려 주어요

지도는 실제 땅의 크기를 아주 작게 줄여서 종이에 그린 것이에요. 축척은 실제의 거리를 얼마만큼 줄여서 그렸는지 나타내는 것이에요. 여러분은 아마 5만분의 1 지도, 20만분의 1 지도라는 말을 들어 보았을 거예요. 이때 5만분의 1 지도는 실제의 거리를 5만분의 1로 줄여서 지도에 표시했다는 뜻이에요.

축척을 표시하는 방법에는 비례, 분수, 막대자 등이 있어요. 예를 들어 실제 거리를 5만분의 1로 줄여서 나타낸 지도의 축척을 비례로 나타내면 1 : 50,000이라고 표시하고, 분수로 나타내면 1/50000, 막대자로 나타내면 오른쪽 모양이 되지요. 여기서, 잠깐 퀴즈 하나! 만약 5만분의 1 지도에서 학교와 집 사이의 거리가 1cm로 표시되었다면 실제 거리는 얼마일까요? 1cm×50,000 = 50,000cm, 즉 500m예요.

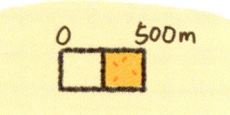

땅의 쓰임새를 알려 주어요

지도에는 고속 국도, 시와 군의 경계, 산, 해수욕장, 유적지, 시청, 병원, 학교, 우체국, 과수원 등 그려 넣어야 할 곳이 수도 없이 많아요. 만

약 이렇게 많은 땅의 쓰임새를 지도에 전부 그려 넣으면 너무 복잡해서 보기 힘들 거예요. 그래서 사람들은 실제 모습과 비슷하고 간략한 기호를 만들어 지도에 표시하기로 약속했어요. 약속된 기호를 넣어 지도를 그리면 더욱 간편하고 쉽게 만들 수 있고, 지도를 보는 사람은 기호만 보고도 무엇인지 금방 알 수 있어요. 지도는 이렇게 약속된 기호를 하나하나 해석하며 보아야 하기 때문에 지도를 본다고 하지 않고 '지도를 읽는다.'고 해요. 이것을 '독도법'이라고 한답니다.

지도에 사용되는 기호를 알면 땅의 쓰임새를 쉽게 알 수 있어요. 그려져 있는 선이 다리인지 철도인지, 땅이 논인지 밭인지, 땅에서 자라는 나무가 뽕나무인지 소나무인지, 해안가라면 방파제와 염전 그리고 모래사장이 어디 있는지 쉽게 알 수 있어요.

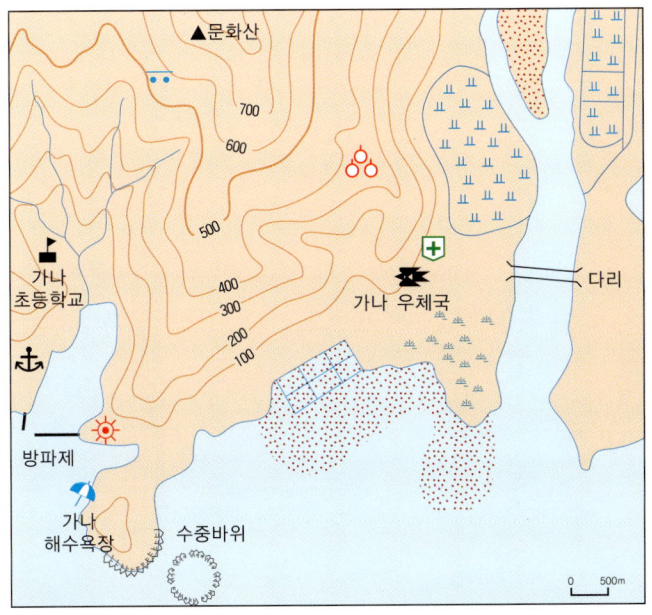

일반도

지도의 기호

실전! 지도 읽기

서울 명동에서 지도를 보고 N 서울타워에 가 보자!

좋아요!

출발하기 전에 지도를 보고 어떻게 갈지 생각해 보자.

❶ 지하철을 타고 갈 건데 어디서 내리면 될까?

정답:

❷ N 서울타워는 명동역의 어떤 방향에 있을까?

방위표를 보면 되죠!

정답:

❸ 명동역에서 N 서울타워까지의 직선 거리는 얼마나 될까?

먼저 지도에 자를 대고 재 봐!

정답:

❹ N 서울타워에 쉽게 올라가려면 어느 쪽으로 가야 하지? 등고선이 넓은 쪽? 좁은 쪽?

25쪽에 힌트가 있지!

정답:

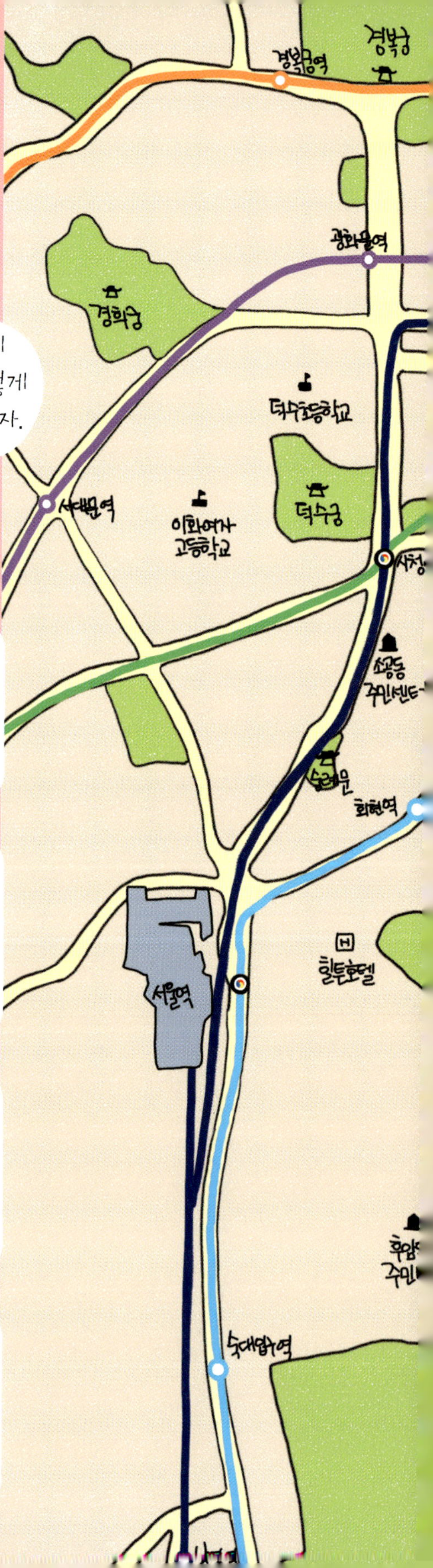

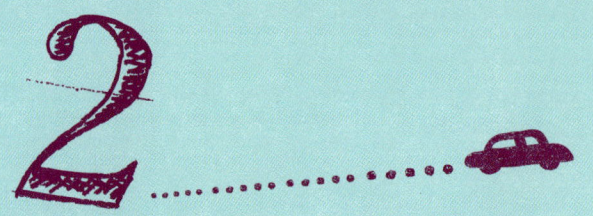

한눈에 보는 우리나라 이야기

우리나라는 아시아 대륙의 동쪽 끝에 바다로 삐죽 나온 반도 국가예요.
북쪽으로는 중국과 러시아, 남쪽으로는 대한 해협을 사이에 두고 일본과 마주하고 있지요.
중위도에 있는 우리나라는 사계절이 뚜렷해요.
우리나라의 지형은 사람들의 생활과 산업 그리고 교통에 많은 영향을 끼쳤어요.
우리나라의 영역과 지형의 특색에 대해 함께 알아보아요.

우리나라의 위치를 어떻게 설명하죠?

한 나라는 어디에 위치하느냐에 따라 발전하기도 하고 힘을 잃기도 해요. 위치는 위도와 경도 등으로 나타내는 수리적 위치와 대륙·해양·반도·섬 등의 지형적 관점에서 파악하는 지리적 위치가 있어요. 또한 다른 나라와의 관계에 따라 변하는 관계적 위치가 있지요.

우리나라의 위치를 자세히 알아보아요.

수리적 위치

수리적 위치는 위도와 경도로 표시한 위치예요. 지구 상에 가상의 가로선과 세로선을 그어서 어떤 지점의 위치를 표현하는 것이 위도와 경도예요. 위도와 경도로 나타낸 위치는 숫자로 표현할 수 있어서 수리적 위치라고 해요. 수리적 위치는 변할 수 없는 위치이기 때문에 절대적 위치라고도 한답니다.

위도는 적도를 기준으로 남쪽과 북쪽의 위치를 나타내요. 위도는 적도에 평행하게 지구 둘레를 따라 그은, 가상의 선인 위선으로 나타내요. 경도는 동쪽과 서쪽의 위치를

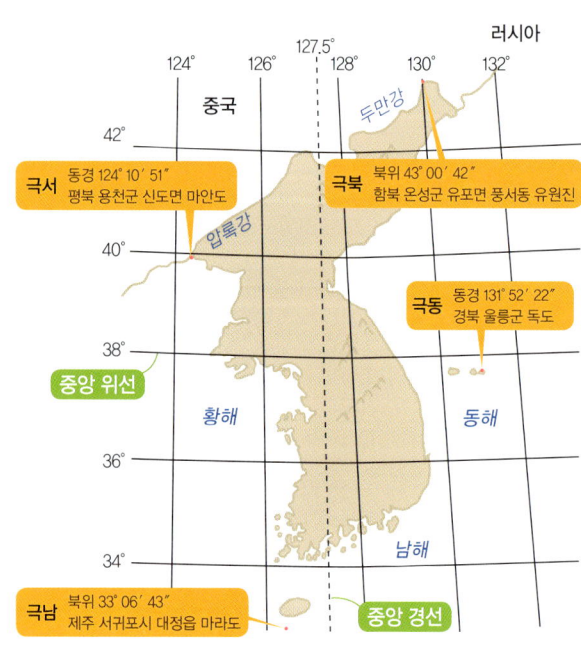

우리나라의 수리적 위치

나타내요. 경도는 북극과 남극을 잇는 세로선인 경선으로 표시해요. 본초 자오선이라고 하는 상상의 경선을 기준으로 동쪽으로 180°, 서쪽으로 180°로 나누지요.

우리나라는 북위 33~43°의 중위도와 동경 124~132° 사이에 위치해요. 중앙 위선은 38°, 중앙 경선은 127.5°예요. 표준 경선은 동경 135°이지요. 우리나라는 위도 상의 위치 때문에 기후가 온화하고 사계절이 뚜렷한 온대 기후가 나타나요. 그리고 경도 상의 위치 때문에 본초 자오선인 영국의 그리니치보다 9시간이 빨라요.

지리적 위치

지리적 위치는 대륙·해양·반도·섬 등의 지형적 관점에서 파악한 위치예요. 우리나라는 아시아 대륙의 동쪽에서 태평양으로 불쑥 튀어나온

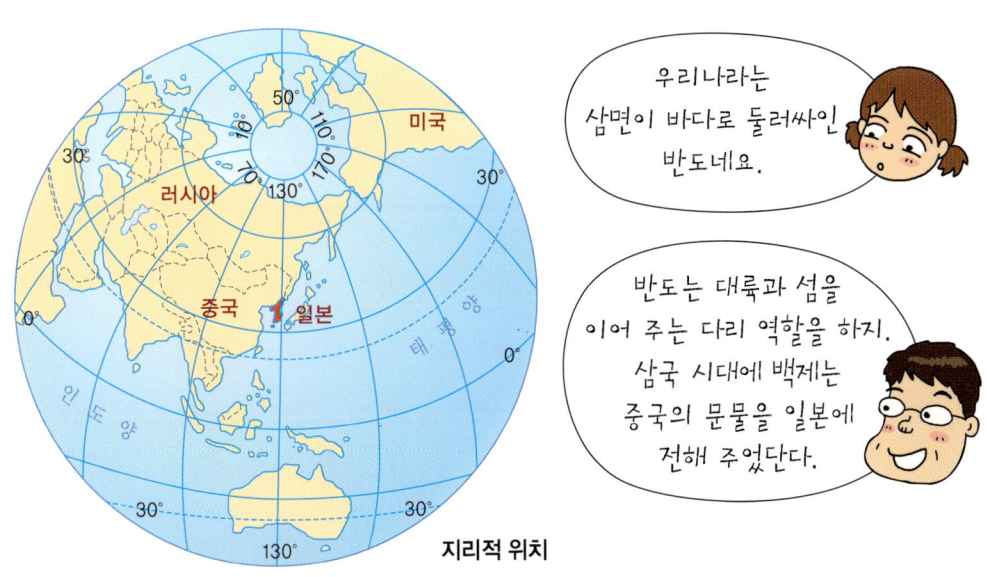

지리적 위치

계절풍

계절에 따라 주기적으로 일정한 방향으로 부는 바람을 말해요. 여름에는 바다에서 대륙으로, 겨울에는 대륙에서 바다로 불어요.

반도예요. 대륙과 가깝고 삼면이 바다인 반도의 위치는 기후에 많은 영향을 주어요. 계절에 따라 바람의 방향이 바뀌어 계절풍이 불어오는데, 대륙과 바다의 영향을 함께 받아요. 여름에는 바다에서 남동 계절풍이 불어와 비가 많이 오고 더워요. 겨울에는 대륙으로부터 북서 계절풍이 불어와 춥지요.

반도는 문물을 받아들이고 전해 주는 데에 유리해요. 또 해외 무역과 원양 어업의 발달에도 이점이 많고요. 삼국 시대에 백제가 중국에서 전래된 불교를 일본에 전파한 것도 우리나라가 반도였기 때문이에요. 하지만 반도 국가는 국력이 강할 때는 대륙으로 뻗어 나갈 수 있지만, 국력이 약하면 주변 국가들의 간섭으로 정치가 혼란스러울 수 있어요. 우리나라가 중국, 러시아, 일본, 미국의 정치와 경제적인 상황에 늘 신경 쓰는 것도 이 때문이랍니다.

관계적 위치

관계적 위치는 이웃의 다른 지역과 다른 나라와의 관계에 따라 표현하는 위치를 말해요. 이러한 위치는 이웃 지역과 다른 나라의 정치·경제·군사적인 상황에 따라 변할 수 있어요.

우리나라는 강대국들에 둘러싸여 있어요. 북쪽으로는 러시아와 중국과 국경을 맞대고 있고, 대한 해협을 사이에 두고 일본과 마주 보지요. 태평양 건너에 있는 미국도 우리나라와 긴밀하게 교류하고 있어요. 이 나라들은 국제 사회에서 강대국으로 전 세계의 정치·경제·문화·군사에 많은 영향을 주어요.

우리나라는 예로부터 대륙과 해양 세력을 연결하는 다리 역할을 했어요. 대륙과 해양 세력으로부터 끊임없는 압력과 도전을 받는 가운데 많은 전쟁에 휘말렸지요. 19세기에 일본, 러시아, 청나라는 우리나라를 발판으로 하여 각각 아시아 대륙과 태평양으로 진출하기 위해 다투었어요. 우리나라는 강대국들의 이익에 따라 이리저리 휩쓸렸지요. 1910년에는 일본의 식민지가 되었고, 1945년에 광복을 맞은 뒤에도 옛 소련(지금의 러시아)과 중국, 미국이 우리나라를 두고 힘겨루기를 하여 남북이 분단되었어요.

오늘날 우리나라는 주변 국가들과 문화적인 교류를 꾸준히 하면서 도약을 꿈꾸고 있지요. 우리나라는 강대국 사이에 있는 장점을 살려 동북아시아의 금융·문화·물류의 중간 정거장으로 발전하고 있답니다.

어디까지가 우리나라의 땅, 바다, 하늘이에요?

우리나라는 아시아 대륙의 동쪽 끝에 자리 잡고 있어요. 북쪽은 중국 북동부와 러시아의 연해주와 맞닿아 있고, 동해와 남해 건너편에는 일본, 황해를 사이에 두고 중국과 접해 있답니다. 이렇게 여러 나라로 둘러싸여 있는 우리나라의 영역은 어디까지일까요? 우리나라의 주권이 영향을 미치는 영토, 영해, 영공을 알아보아요.

영토

영토는 한 나라의 주권이 미치는 땅의 범위예요. 예로부터 세계 여러 나라는 자원이 많고 식량이 많이 나는 기름진 평야 지역을 자기 나라의 땅으로 만들기 위해 끊임없이 전쟁을 했어요. 우리나라도 삼국 시대에 신라·백제·고구려가 한강 유역을 서로 차지하기 위해 많은 전쟁을 치렀어요.

영토의 넓이는 나라 발전에 많은 영향을 주어요. 영토가 넓으면 석탄이나 철광석, 석유 등의 지하자원이 묻혀 있을 가능성이 많고, 많은 인구를 받아들일 수 있어요. 하지만 영토가 넓다고 해서 꼭 잘사는 나라가 되는 것은 아니에요. 영국은 미국 국토의 약 40분의 1에 불과하지만, 1인당 국내 총생산°은 세계에서 5위를 차지한답니다.

영토는 국경선에 따라 모양도 달라요. 프랑스처럼 오각형 모양도 있고,

> **1인당 국내 총생산**
> 국내 총생산은 일정 기간 동안 한 나라의 국민이 경제 활동을 하여 생산한 것을 값으로 매긴 것이에요. 국내 총생산을 전체 인구로 나누면 1인당 국내 총생산을 알 수 있어요.

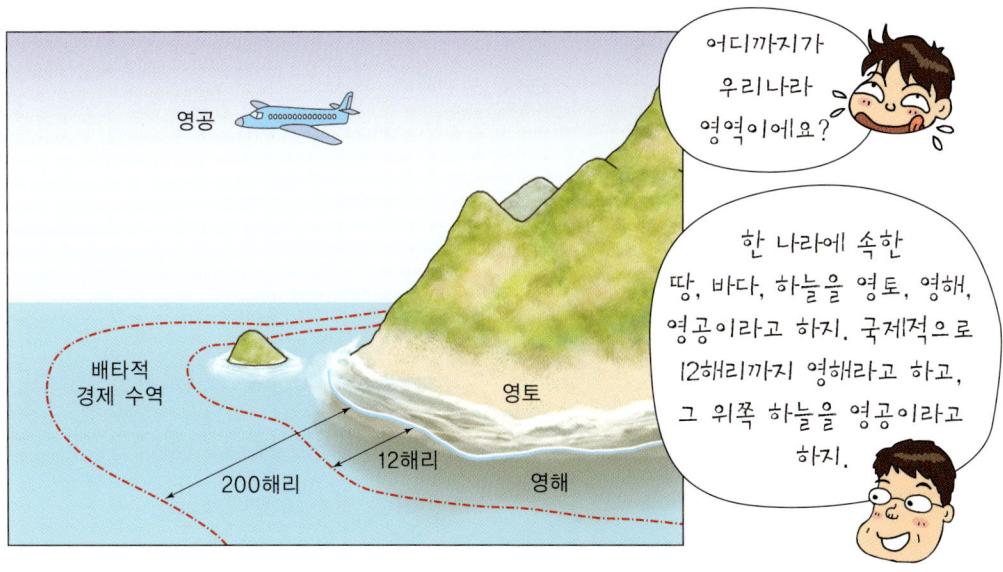

칠레처럼 긴 나라도 있어요. 필리핀이나 인도네시아처럼 많은 섬으로 이루어진 나라도 있지요. 이렇게 섬이 많은 나라는 영토의 넓이에 비해 국경선이 길어서 적의 공격을 막기에 불리해요. 또한 교통로나 통신망을 건설하는 데에도 돈이 많이 들지요.

우리나라 영토는 남북으로 긴 땅과 크고 작은 약 3,400개의 섬을 포함하고 있어요. 넓이는 약 22만 3171㎢로 영국과 루마니아와 비슷해요. 남한의 넓이는 약 10만㎢예요.

영해

영해는 나라의 주권이 미치는 바다의 범위를 말해요. 우리나라는 국제 연합 해양법에 따라 통상 기선과 직선 기선에서 12해리까지를 영해로 정했어요. 해리는 바다에서 거리를 재는 단위로 1해리는 1,852m예요. 통상 기선은 썰물이 됐을 때 바닷물이 빠져나간 뒤 드러난 해안선이에요.

우리나라의 영해

직선 기선은 해안선이 구불거려 굴곡이 심하거나 가까운 거리에 섬들이 있는 경우 가장 바깥쪽에 있는 땅과 섬을 연결한 선이에요. 우리나라는 동해, 제주도, 울릉도, 독도는 통상 기선 12해리, 황해와 남해는 직선 기선 12해리, 일본과 가까운 대한 해협은 직선 기선 3해리를 적용하고 있어요.

영해 외에 바다에는 또 다른 영역이 있어요. 그것은 배타적 경제 수역이에요. 1945년 미국이 자국의 영토에서 200해리까지의 바다를 이용하겠다고 선포하면서 전 세계 나라들도 앞다투어 따라 선포했어요. 영해의 범위가 해안선으로부터 12해리인 데 비해, 배타적 경제 수역은 해안선으로부터 200해리, 즉 370km까지의 범위를 말해요. 배타적 경제 수역은 말 그대로 이 범위 안에서는 모든 자원을 독점적으로 이용할 수 있는 거예요. 반면에 주변 국가들은 배타적 경제 수역 안에서 천연자원을 탐사하고 개발하며, 해양 조사를 할 수 있어요. 또한 선박이 항해할 수 있고 비행기가 지날 수 있지요.

영공

영공은 영토와 영해의 상공을 말해요. 처음 영공을 적용했을 당시에는 군사적인 방어의 목적이 컸지만 지금은 영토를 지배하는 국가가 하늘까지 통치하는 권리의 의미가 커요. 공군의 항공기는 물론 민간 항공기도 다른 국가의 영공을 마음대로 비행할 수 없어요. 항공기는 비행할 때에 최단 거리로 가야 연료를 크게 절약할 수 있어요. 하지만 아무리 짧은 거리일지라도 다른 국가의 영공은 함부로 비행할 수 없어요. 해당 국가의 허가 없이 비행하는 항공기는 군사적인 적으로 생각되어 공격받을 수 있답니다. 그래서 비행경로에 있는 국가의 영공을 날아갈 때에는 미리 비행 허가를 받아요.

남한의 항공기는 러시아의 블라디보스토크에 갈 때에는 북한 상공을 피해서 멀리 돌아서 가요. 북한이 남한의 비행기에는 비행 허가를 내주지 않기 때문이에요.

지리 뉴스

비무장 지대(DMZ)에 가다

비무장 지대는 군사 분계선을 따라 남북 방향으로 각각 2㎞ 범위로 설정된 구역이에요. 군사 시설이나 무기를 설치할 수 없어서 남북한의 직접적인 군사적 충돌을 막아 주는 역할을 하고 있어요. 비무장 지대는 1953년 '한국 군사 정전에 관한 협정'이 체결되면서 설정되었어요. 이곳은 민간인은 물론 남북한의 군인도 출입이 엄격하게 제한되어 있어요. 6·25전쟁 이후로 황폐화된 비무장 지대는 오랫동안 사람들의 발길이 닿지 않아 깨끗한 원시적인 자연을 보전하고 있어요. 이 때문에 생물권 보전 지역으로 보호하자는 국제적인 움직임이 설득력을 얻고 있답니다.

비무장 지대

동쪽이 높고 서쪽이 낮은 우리나라의 지형

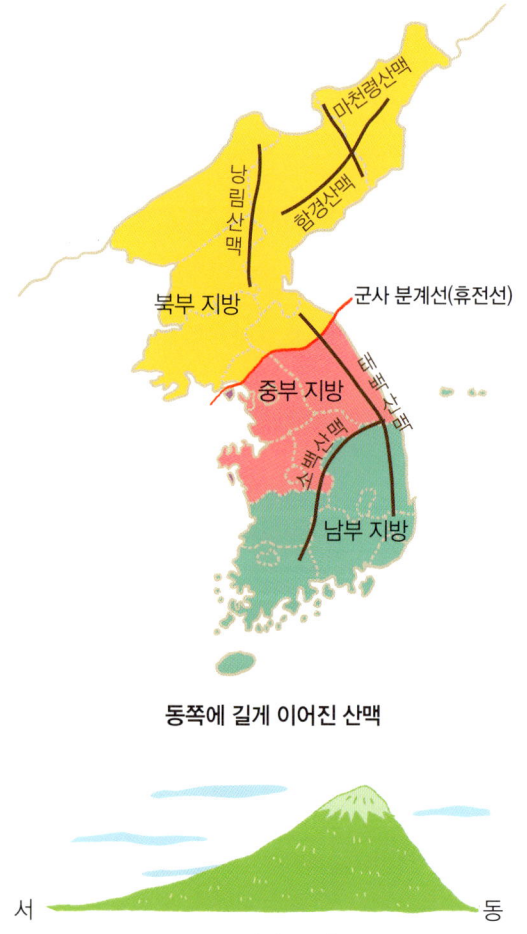

동쪽에 길게 이어진 산맥

동고서저의 지형

우리나라는 크게 북부 지방, 중부 지방, 남부 지방으로 나눌 수 있어요. 분단의 현실을 반영하여 군사 분계선을 경계로 북부 지방과 중부 지방으로 나뉘고, 소백산맥을 경계로 중부 지방과 남부 지방으로 나뉘어요.

북부 지방은 관북 지방(함경도), 관서 지방(평안도와 황해도) 등으로 나눌 수 있어요. 중부 지방은 수도권·강원도·충청도로 나뉘고, 남부 지방은 영남 지방(경상도)과 호남 지방(전라도)으로 나뉘어요.

이제 우리나라 지형의 특성을 살펴볼까요? 우리나라는 땅덩어리의 70% 이상이 산지로, 높은 산은 주로 동쪽 줄기를 따라 모여 있어요. 이렇게 동쪽에 높은 산이 많다 보니 한반도는 전체적으로 동쪽이 높고 서쪽이 낮은 지형을 이루고 있어요. 이런 지형의 형태를 '동고서저'라고 해요.

큰 산이 동쪽에 모여 있다 보니, 우리나라의 큰 하천은 대부분 동쪽에서 시작되어 낮은 곳인 서해안과 남해안으로 흐르면서 평야를 만들어 놓았어요. 한강 유역의 김포평야, 낙동강 유역의 김해평야, 만경강과 동진강 유역의 호남평야는 우리나라의 대표적인 평야예요.

　하천은 상류와 중류에서는 물의 흐름이 빨라서 땅을 파면서 흐르는데, 이러한 과정에서 땅이 약하고 무른 곳이 강물에 깎여 주변보다 낮아진 침식 분지가 생겼어요. 한강 유역의 충주·원주·춘천, 낙동강 유역의 대구·안동, 금강 유역의 청주, 섬진강 유역의 남원·구례 등은 대표적인 침식 분지예요.

우리나라의 태백산맥이구나! 등줄기 산맥답게 높은 산이 길게 이어져 있어.

태백산맥에는 금강산, 설악산, 오대산, 태백산 등이 솟아 있어요.

태백산맥
한반도 중부·남부 지방의 동쪽에 북에서 남으로 길게 이어져 있어요.

우리나라의 대표적인 산

우리나라 땅의 약 70%는 산지로 이루어져 있어요. 크고 작은 산들이 줄을 이으며 만든 산맥은 지방과 마을을 나누고, 산맥의 이편저편에 따라 기후도 달라지게 만들지요.

우리나라 어느 지역에나 흔하게 있는 산이지만, 산세와 자랑거리가 모두 같은 것은 아니에요. 이 가운데 높이와 경치가 남다른 산도 많답니다. 우리나라를 대표하는 산에 대해 알아보아요.

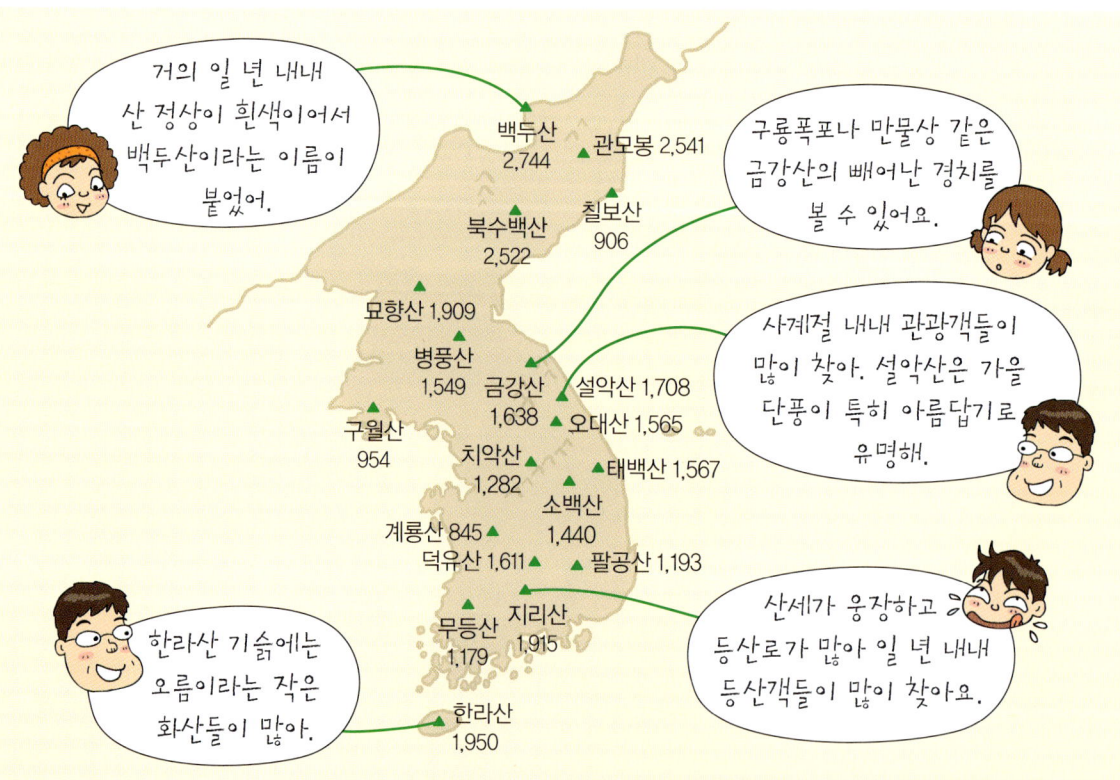

우리나라의 주요 산(높이 : m)

▶ **백두산 천지**
백두산 정상에 있는 천지는 화산이 폭발한 뒤에 생긴 호수예요. 천지는 약 20억 톤의 물을 담고 있어요.

백두산

 함경북도에 있는 백두산은 높이가 2,744m로 우리나라에서 가장 높은 산이에요. 1년 중 8개월이나 산꼭대기가 하얀 눈에 덮여 있어서 백두산이라는 이름이 붙었어요. 백두산 꼭대기에는 천지라는 호수가 있어요. 천지는 요즈음 20억 톤이 넘는 물로 가득 차 있지만 아주 먼 옛날에는 화산 활동으로 뜨거운 용암을 내뿜던 분화구였어요.

칠보산

 높이가 906m인 칠보산은 함경북도에 있어요. 전설에 따르면 원래 7개의 산이 솟아 있었는데, 6개의 산이 바다에 가라앉아 이 산만 남았다고 해요. 칠보산은 함경북도의 8가지 경치에 꼽힐 정도로 아름다워요. 내칠보, 외칠보, 해칠보로 나뉘는데, 바다에 있는 해칠보는 해안에 있어요. 파도에 깎인 수백 미터의 절벽은 마치 자연의 조각품 같아서 보는 사람마다 절로 감탄해요.

금강산

금강산은 태백산맥 맨 윗자리에 있어요. 외금강, 내금강, 해금강, 신금강 지역으로 나뉘고, 가장 높은 봉우리인 비로봉의 높이는 1,638m예요.

금강산은 계절마다 부르는 이름이 달라요. 봄에는 금강산, 여름에는 봉래산, 가을에는 풍악산, 겨울에는 개골산이라고 불러요. 산 이름만 보아도 계절마다 색다르게 변하는 금강산의 경치가 보이는 듯해요.

금강산 기암괴석이 층층 절벽을 이루며 줄지어 솟아 있어요.

설악산

설악산은 강원도 양양, 인제, 속초, 고성 등에 걸쳐 있는 산이에요. 최고봉인 대청봉의 높이가 1,708m로 남한에서는 한라산과 지리산에 이어 세 번째로 높아요. 산등성이를 경계로 동쪽을 외설악, 서쪽을 내설악이라고 해요. 설악산 일대에는 금강초롱 같은 희귀한 식물과 천연기념물인 사향노루가 살아요. 설악산은 1982년에 유네스코(UNESCO : 국제 연합 교육 과학 문화 기구)의 '생물권 보전 지역'으로 지정되었어요.

지리산

지리산은 최고봉인 천왕봉의 높이가 1,915m로, 남한에서는 한라산 다음으로 높은 산이에요. 전라남도 구례, 전라북도 남원, 경상남도 산청·함양·하동 등에 걸쳐 있어 우리나라에서 가장 품이 넓은 산이지요. 지리산에는 활엽수와 원시림°이 울창하게 우거져 있어요. 천왕봉과 함께 노고단, 반야봉 등의 봉우리와 피아골, 뱀사골, 칠선 계곡 등은 지리산에서 유명하지요.

한라산

높이가 1,950m인 한라산은 남한에서 가장 높은 산이에요. 한라산은 용암이 뿜어져 나와 생긴 화산인데, 지금은 화산 활동이 멈추었어요. 한라산 정상에는 옛날에 폭발했던 화산 활동을 증명이라도 하듯이 지름이 약 500m에 이르는 백록담이라는 호수와 크고 작은 기생 화산°이 있어요. 한라산은 유네스코에서 세계 자연 유산으로 지정했어요.

원시림
예로부터 사람의 손이 가지 않은 자연 그대로의 숲을 말해요.

기생 화산
큰 화산의 중턱이나 기슭에 있는 작은 화산이에요.

한라산
높이가 1,950m로 우리나라에서 두 번째로 높아요. 제주도 중앙에 솟아 있어요.

우리나라의 하천은 어떤 특징이 있나요?

우리나라에는 크고 작은 강이 아주 많아요. 강만 그려 놓은 지도를 보면 강들이 마치 실핏줄처럼 이어져 있는 것을 볼 수 있어요. 우리나라의 지형은 동쪽이 높고 서쪽이 낮아 하천이 대체로 동쪽에서 시작해 서쪽이나 남쪽으로 흘러요.

우리나라의 하천

우리나라 북부 지방에는 압록강과 두만강이 흘러요. 압록강은 우리나라에서 가장 긴 강이에요. 백두산에서 시작된 압록강은 북한과 중국의 국경을 이루며 황해로 흘러가요. 두만강은 백두산에서 시작되어 북한, 중국, 러시아 등 세 나라의 국경을 흘러요. 두만강은 우리나라의 다른 강과는 달리 동해로 흘러들어요. 두만강 상류는 경사가 급해 여울과 폭포가 많아요. 대동강은 낭림산맥의 높은 곳에서 시작되어 평양을 지나 황해로 흘러가요. 대동강에는 나뭇가지처럼 이어진 크고 작은 지류가 620개나 있답니다. 하류에는 강물에 실려 온 흙이 쌓여 만들어진 섬이 많아요.

여울 강이나 바다의 바닥이 얕거나 폭이 좁아 물살이 세게 흐르는 곳이에요.

지류 강의 원줄기로 흘러들거나 원줄기에서 갈라져 나온 물줄기를 말해요.

남한에서 으뜸가는 강을 꼽으라고 하면 한강이에요. 한강은 경기도 양수리에서 남한강과 북한강이 합쳐져 서울을 남북으로 가르며 황해로 흘러가요.

금강은 전라북도 장수에서 시작해 충청남도와 전라북도를 나누며 흘러요. 예로부터 전라도에서 생산한 농산물을 서울로 실어 나르는 뱃길로 유명했어요. 금강 하류 지역인 부여에서는 금강을 백마강이라고 불러요.

한강 한강 유역은 땅이 기름져 삼국 시대부터 이곳을 차지하려는 전쟁이 많이 일어났어요.

남한에서 가장 긴 강은 낙동강이에요. 낙동강은 강원도 태백에서 시작해 경상도 지방을 지나 남해로 흘러들어요. 낙동강 하류에 있는 김해 삼각주는 땅이 기름져 논농사가 잘돼요. 김해 삼각주 끝에 있는 을숙도에는 해마다 겨울에 수많은 철새가 찾아와요.

삼각주 강이 바다로 흘러드는 어귀에, 강물이 운반하여 온 모래나 흙이 쌓여 부채꼴 모양으로 만들어진 편평한 지형이에요. 삼각주는 땅이 기름져 농사짓기에 좋아요.

우리나라의 바닷가는 어떤 특징이 있나요?

우리나라는 삼면이 바다로 둘러싸인 반도 국가예요. 동해, 황해, 남해에 둘러싸여 있지요. 이들 바다의 해안은 모습과 특징이 조금씩 달라요.

동해안은 두만강 하구에서 부산 해운대까지 죽 이어져 있어요. 해안선은 무척 단조롭고, 바닷가 가까이에 높은 산지가 있어 평야가 거의 발달하지 않았어요. 동해안은 파도가 실어 날라 쌓아 놓은 모래 언덕이 발달했어요. 그 언덕 아래로 넓게 펼쳐져 있는 모래밭은 대부분 이름난 해수욕장이에요. 동해안은 밀물과 썰물의 차가 심하지 않아서 갯벌이 발달하

서해안과 남해안은 해안선이 들쭉날쭉 복잡해서 갯벌이 많아. 이번 여름에는 바지락과 게를 잡으러 서해안에 있는 갯벌로 휴가를 가자고.

동해안은 해안선이 단순해. 나는 동해안의 깨끗한 모래사장에서 해수욕하고 싶어! 산과 바다가 가깝잖아.

서해안과 남해안의 갯벌

동해안의 해수욕장

지 않았어요. 동해의 수심은 평균 1,700m예요. 동해에서는 오징어, 꽁치, 고등어가 많이 잡혀요.

서해안은 압록강 하구에서 전라남도 해남에 이르는 긴 해안이에요. 남해안은 해남에서 부산까지 이어져요. 서해안과 남해안의 해안선은 들쭉날쭉 복잡한데, 이처럼 해안선이 복잡하게 드나드는 해안을 '리아스식 해안'이라고 해요. 서해안과 남해안은 수심이 40~100m 정도로 얕고, 밀물과 썰물의 차가 커서 갯벌이 넓게 발달했어요. 갯벌에는 굴, 바지락, 낙지, 꼬막 같은 수산 자원이 풍부해요. 최근에는 간척 사업 때문에 갯벌이 점점 줄어들고 있어요.

남해에는 2천 개가 넘는 섬이 있는데, 세계에서 보기 드문 다도해를 이루어요. 다도해는 '섬이 많은 바다'라는 뜻이에요.

지리백과

섬이 많은 다도해

우리나라 남해의 다도해는 전라남도 홍도에서 시작해서 신안, 진도, 완도 등을 거쳐 여수까지 이어져 있어요. 이곳에는 2천 개가 넘는 섬이 있어요. 다도해 지역은 약 1만 년 전 빙하기 때에는 대부분 육지였어요. 그 뒤 지구의 기온이 올라가면서 바닷물이 불어나자 높은 산지는 섬이 되었어요. 다도해 지역에는 통일 신라 시대에 장보고가 청해진을 설치하여 해적을 소탕한 완도, 조선 시대에 이순신 장군이 수많은 왜군을 물리친 진도의 울돌목 등 역사 유적지가 많아요.

남해 다도해에는 약 2천 개의 섬이 바다와 어우러져 경치가 아름다워요.

우리나라의 평야는 왜 서쪽에 많을까요?

우리나라의 큰 하천은 동쪽의 산지에서 시작되어 서쪽이나 남쪽으로 흐르는 것이 많아요. 이것은 우리나라의 지형이 동쪽은 경사가 급하고 서쪽과 남쪽은 고도가 낮고 경사가 완만하기 때문이에요. 서해안과 남해안으로 흐르는 하천은 평평한 곳을 흐르면서 흙이나 모래 그리고 여러 가지 퇴적물을 그 주변에 쏟아 내어 평야를 만들어 놓았어요. 평양평야, 김포평야, 호남평야, 나주평야, 김해평야 등은 하천의 퇴적물이 오랫동안 쌓여서 생겨난 평야이지요. 이 평야들은 대부분 서쪽에 있어요. 우리나라는 서해안이 남해안보다 경사가 더 완만해 서해안으로 흐르는 하천이 많기 때문이에요.

이에 비하여 동해안으로 흐르는 하천은 길이가 짧고 경사가 급해서 흙이나 퇴적물이 많이 쌓이지 않아요. 그래서 커다란 평야가 없어요.

호남평야 우리나라에서 쌀과 쌀보리를 가장 많이 생산해요.

그럼, 우리나라에 있는 큰 평야에 대해 알아보아요.

평양평야는 대동강 유역의 평양 주변에 펼쳐져 있어요. 오랜 세월 동안 대동강이 산지를 깎아서 땅이 평평해졌고, 대동강에 실어 온 흙이 쌓여 토양이 기름져요.

김포평야는 한강 하류에 있어요. 예로부

터 한강의 물을 끌어다 논에 물을 대며, 쌀을 많이 재배했어요. 오늘날에는 신도시가 들어서면서 평야가 크게 줄었어요.

우리나라에서 가장 넓은 평야는 호남평야예요. 이곳은 예로부터 곡식 창고였지요. 호남평야는 동진강 유역의 김제평야와 만경강 유역의 만경평야를 합쳐서 부르는 말이에요. 일제 강점기에 일본은 이곳의 곡식을 자기 나라로 가져가려고 호남선 철도를 놓았어요.

김해평야는 낙동강 하류에 넓게 펼쳐져 있어요. 낙동강이 싣고 온 흙과 모래를 하류에 쏟아 내면서 생긴 삼각주에 있지요.

우리나라의 평야

사계절이 뚜렷한 우리나라

연교차
1년 동안 측정한 기온, 습도 등의 최댓값과 최솟값의 차이예요.

우리나라는 아시아 대륙의 동쪽에 있어서 대륙성 온대 기후가 나타나요. 대륙성 기후는 기온의 연교차가 크게 벌어지고 사계절이 뚜렷해요. 연교차가 크다는 것은 여름은 아주 무덥고 겨울은 아주 춥다는 뜻이에요. 이렇게 여름과 겨울의 기온 차가 큰 것은 계절풍의 영향도 있어요. 여름에는 바다에서 남동 계절풍이 불어와 무덥고 습기가 많아요. 반면에 겨울에는 대륙으로부터 북서 계절풍이 불어와서 아주 춥고 건조하지요. 이 두 계절풍이 약해지는 시기에는 봄과 가을이 나타나요.

남쪽과 북쪽의 기온 차이가 큰 것도 우리나라 기후의 특징이에요. 남쪽인 제주도의 연평균 기온은 15~16℃인데, 북쪽에 있는 삼지연의 연평균 기온은 1℃로 남북의 기온 차이가 무려 15℃에 달해요. 이것은 우리나라가 남북으로 길게 뻗어 있어서 생기는 현상이에요.

우리나라는 또 동쪽과 서쪽의 기온 차이도 커요. 같은 위도에서는 동해안이 서해안에 비해 겨울에 더 따뜻해요. 태백산맥이 겨울에 동해안으로 불어오는 차가운 북서 계절풍을 막아 주기 때문이에요. 또 동해의 겨울철 수온이 황해보다 높은 것도 동해안이 서해안보다 따뜻한 이유랍니다.

여름에 비가 많이 오는 것도 우리나라 기후의 특징이에요. 우리나라의 연평균 강수량은 1,200㎜가 넘지만, 연강수량의 70%가 여름에 집중적으로 내려요.

💬 우리나라는 해마다 장마철이면 비가 많이 와요.

💬 특히 남해안 주변과 제주도는 우리나라에서 비가 가장 많이 와.

여름 장마 장마 때마다 집중호우가 내려 우리나라의 강은 물이 크게 불어나요.

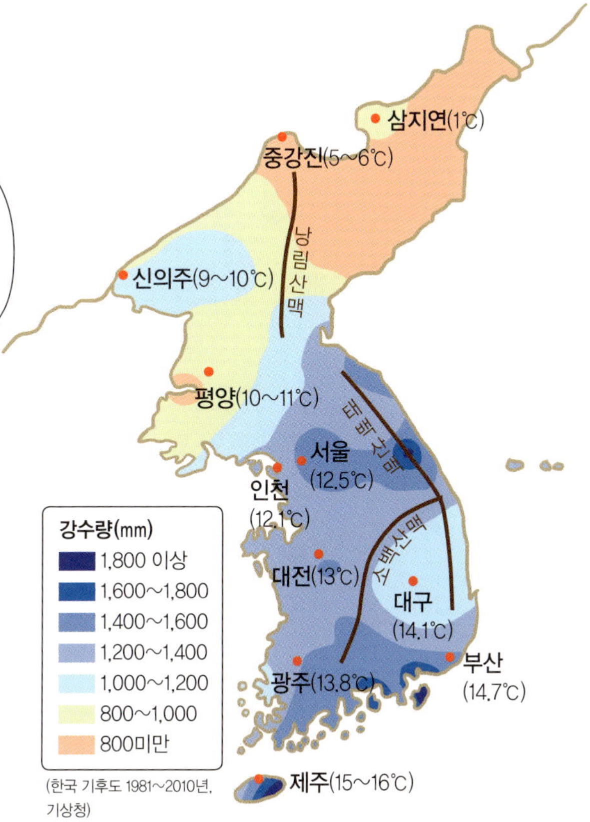

주요 도시의 연평균 기온과 강수량

- 삼지연(1℃)
- 중강진(5~6℃)
- 신의주(9~10℃)
- 낭림산맥
- 평양(10~11℃)
- 태백산맥
- 서울(12.5℃)
- 인천(12.1℃)
- 대전(13℃)
- 소백산맥
- 대구(14.1℃)
- 광주(13.8℃)
- 부산(14.7℃)
- 제주(15~16℃)

강수량(mm)
- 1,800 이상
- 1,600~1,800
- 1,400~1,600
- 1,200~1,400
- 1,000~1,200
- 800~1,000
- 800 미만

(한국 기후도 1981~2010년, 기상청)

지리 뉴스

기후 변화로 달라지는 농업

한반도는 세계 평균보다 훨씬 빠른 속도로 더워지고 있어요. 그래서 기존에 재배하던 작물이 그 지역에서 잘 자라지 못하고, 재배지가 점점 북상하는 현상이 나타나고 있어요. 원래 더운 제주도에서만 자라던 감귤은 지금은 전라남도 고흥과 경상남도 거제에서도 재배하고, 대구에서 잘 자라던 사과는 강원도 영월에서도 재배하고 있어요.

특산물 재배 한계선 북상 지도

2 한눈에 보는 우리나라 이야기

지방 자치 단체와 지역 브랜드

지방 자치 단체
특별시·광역시·도·시·군·구청같이 지방 자치 제도를 펼치는 행정 구역을 말해요. 지방 자치 제도란 자기 지역의 일을 지역 주민이 스스로 결정하고 처리하는 제도예요.

우리나라는 국토를 특별시·광역시·도·시·군과 같은 구역으로 나누어 지역 주민이 운영에 참여하도록 하고 있어요. 우리나라의 지방 자치 단체에는 광역 자치 단체와 기초 자치 단체가 있어요. 광역 자치 단체에는 1특별시, 1특별자치시, 6광역시, 8도, 1특별자치도가 있고, 기초 자치 단체에는 우리나라의 시·군이 속해 있어요. 특별시로는 우리나라의 수도인 서울특별시가 있고, 특별자치시는 세종특별자치시가 있어요. 광역시는 인천광역시·대전광역시·대구광역시·울산광역시·부산광역시·광주광역시가 있고, 도에는 강원도·경기도·충청북도·충청남도·전라북도·전라남도·경상북도·경상남도가 있지요. 그리고 특별자치도는 제주특별자치도가 있어요.

우리나라의 지방 자치 단체는 주민들의 투표로 단체장을 뽑아요. 단체장과 각 고장 주민들은 자기 고장을 보다 잘살게 하기 위해 여러 가지 일을 벌이고 함께 노력해요. 지역 브랜드를 만들어 지역 특산물을 홍보하거나 지역의 특성을 잘 살린 축제를 열기도 하지요. 또한 고장의 역사와 전해 내려오는 이야기를 발굴해 관광 상품을 만들기도 해요.

조선 시대에 추사 김정희가 귀양살이를 했던 제주도는 '추사의 유배길'을 관광 상품으로 만들었어요. 전라남도의 후미진 시골이었던 함평군은 '나비'를 지역 브랜드로 만들어서 지역이 크게 발전한 경우예요.

지방 자치 단체의 축제와 특산물

지역 브랜드란?

브랜드는 상표와 상표에 들어가는 문자와 기호 같은 이미지를 통틀어 말해요. 이러한 상표(브랜드)를 지역에 적용한 것이 지역 브랜드랍니다. 우리나라는 지방 자치 정부가 생기면서 지역 브랜드가 생겨나기 시작했어요. 현재 함평의 나비, 평창의 'HAPPY 700', 김제의 지평선쌀, 보령의 머드 화장품 등 다양한 지역 브랜드가 개발되어 있어요. 함평의 나비처럼 성공적인 지역 브랜드는 지역을 살릴 수 있는 좋은 상품이 될 수 있어요.

함평 나비 대축제예요. 입장료 수익과 지역 특산물 수입이 일 년에 100억 원이 넘으면서 지역 경제가 되살아나고 있어요.

우리나라 사람들은 어디에 모여 사나요?

우리나라 인구는 2013년 기준으로 5천 만 명이 넘어요. 이 많은 사람이 어디에 주로 모여 살까요? 우리나라의 지형과 관련이 커요. 우리나라는 북쪽과 동쪽에 높고 가파른 산이 많아요. 반면에 서쪽은 경사가 완만해서 큰 강이 흐르고, 그 주변에 넓은 평야가 발달해 있어요.

강을 낀 평야에서는 곡식을 많이 재배할 수 있어요. 그래서 옛날에는 평야 지대에 사람들이 많이 모여들었어요. 하지만 현대에도 평야 지대에 사람들이 많이 모여 사는 것은 아니에요. 현대에 와서 사람들은 농업을 주로 하는 평야 지대보다는 일자리가 많은 공업 지역에 더 많이 모여 살아요. 전라북도와 전라남도는 만경강, 동진강, 영산강 같은 큰 강이 흐르고 그 주변에 기름진 평야가 넓게 발달해 있어요. 이곳에는 농업이 발달했고 최근에 이루어진 산업화로 일부 도시에만 공업이 발달했지요. 농촌에 일자리가 많이 부족하자 젊은이들이 도시로 많이 떠났어요. 주로 할머니와 할아버지들이 농촌에 남아 있지요. 이러한 현상은 우리나라의 동쪽 산간 지대도 마찬가지예요. 그래서 최근에는 농촌에 여러 사업체가 들어서도록 하고 있어요.

반면에 공장이 많은 지역은 일자리를 찾아 사람들이 많이 모여들고 있어요. 경기, 인천, 서울을 묶은 수도권에 우리나라 인구의 절반 정도가 집중되어 있답니다. 수도권 다음으로 인구가 많이 모여 있는 곳은 부산을 비롯해 포항, 창원, 울산, 여수 등이 속한 남동 임해 공업 단지예요. 일자리가 많은 공업 단지는 교통로를 비롯해 학교와 문화 시설이 계획적으로 들어서 있어 사람들이 살기 편하답니다.

하지만 인구가 너무 한쪽에 모여 살거나 부족하면 여러 가지 문제가 생겨요. 우리나라의 수도권은 우리나라 인구의 절반가량이 모여 살아 주택 부족, 환경 오염 등의 여러 가지 문제가 생겨나고 있어요.

이와 대조적으로 전라도의 농촌과 강원도·경상도의 산간 지대는 인구가 나날이 줄어들어 주로 노인들이 마을을 지키고 있지요. 이에 따라 농촌에서는 귀농하는 사람들에게 과학적인 농업 기술을 가르쳐 주고, 자녀 교육을 위한 교육 정보도 제공하여 젊은 사람들을 불러 모으고 있답니다.

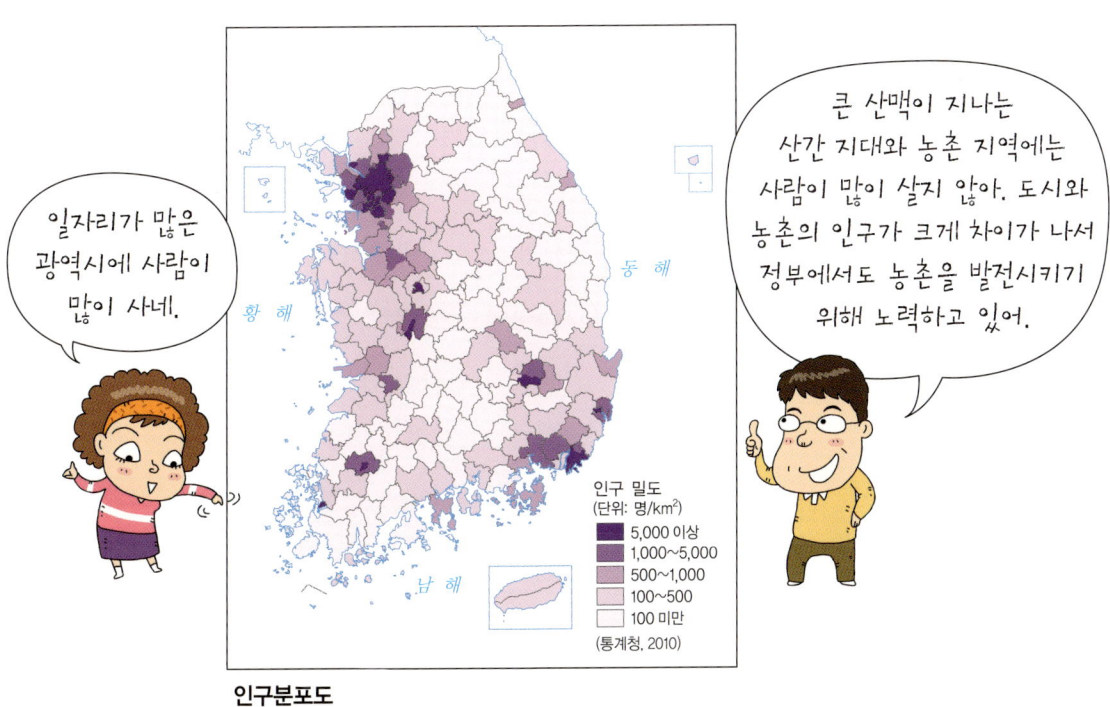

인구분포도

교통이 발달하면 공업도 발달해요

우리나라는 조선 시대까지 물길이나 육로를 통해 사람과 물건이 이동했어요. 그러다 일제 강점기부터 철도와 도로가 놓이면서 전통적인 교통로는 쇠퇴했어요.

우리나라에 처음으로 기차가 다닌 것은 1899년에 일본이 인천의 제물포에서 서울의 노량진까지 경인선을 놓으면서부터예요. 그 뒤 일본은 1905년에 서울과 부산을 연결하는 경부선 철도를 놓고 경의선과 경원선을 차례로 완공했어요. 고속 국도는 1968년 서울과 인천을 잇는 경인 고속 국도를 시작으로 놓이기 시작했어요. 1971년에는 서울과 부산을 연결하는 경부 고속 국도가 완공되었어요. 그 뒤 호남 고속 국도, 남해 고속 국도, 영동 고속 국도가 차례로 놓였지요. 고속 국도가 전 국토를 거미줄처럼 연결하면서 우리나라는 공업이 크게 발전하기 시작했어요.

우리나라의 공업 지역은 교통이 편리한 곳에 발달했어요. 부산을 중심으로 북쪽의 포항과 남쪽의 여수를 연결하는 남동 임해 공업 지역*, 서울과 인천 그리고 경기를 중심으로 한 수도권 공업 지역, 강원도 동해를 중심으로 한 태백산 공업 지역, 대구와 그 주변 지역을 묶는 영남 내륙 공업 지역, 대전을 중심으로 한 충청 공업 지역, 전라도 광주를 중심으로 한 호남 공업 지역은 철도와 고속 국도가 만나면서 공업이 성장했어요. 2004년부터 들어선 고속 철도는 서울과 지방을 더 가깝게 만들었어요.

임해 공업 지역
편리하게 원료를 수입하고 제품을 수출하기 위해 항구 가까이에 자리한 공업 지역을 말해요.

오늘날 우리나라는 도로와 철로가 실핏줄처럼 전국을 연결하고 있고, 전 세계 주요 도시를 연결하는 공항도 많이 생겼어요. 이렇듯 교통이 발달하면서 아침에 출발해 다른 지방에서 일을 보고 저녁에 자기가 사는 곳으로 돌아오는 일일생활권 시대를 맞았어요.

교통로와 공업 지역

와, 우리나라의 도로와 철도가 거미줄처럼 연결되어 있네!

고속 국도와 철도, 공항은 우리나라의 공업을 발전시킨 일등 공신이야.

지리 뉴스

고속 철도(KTX)로 가까워진 지방

우리나라는 2004년에 서울과 대구를 연결하는 고속 철도 1단계가 개통되었어요. 2010년에는 대구와 부산을 연결하는 2단계가 개통되어 서울과 부산은 2시간대 생활권으로 가까워졌어요. 현재 고속 철도는 경부선, 전라선, 호남선, 경전선 등이 운행을 하고 있어요. 정부는 2020년까지 전국 대부분 지역에 고속 철도를 운행하여 전국을 1시간 30분대로 가깝게 만들 계획이에요.

고속 열차

우리나라에서는 내가 최고!

우리나라에서 최고 기록을 갖고 있는 것은 무엇일까요? 가장 높은 산과 긴 강은 어디에 있고, 가장 큰 섬, 가장 추운 곳과 따뜻한 곳은 어디인지 찾아보아요.

가장 긴 강

압록강(길이 790km)

가장 작은 도시

구리시(넓이 33㎢)

가장 큰 섬

제주도(넓이 1,849㎢)

가장 따뜻한 곳

제주도(연평균 기온 15~16℃)

3

특별시와 광역시 이야기

우리나라에는 1개 특별시, 1개 특별자치시, 6개 광역시가 있어요.
수도 서울은 특별시이고, 세종은 특별자치시예요.
부산, 인천, 대전, 광주, 대구, 울산은 광역시예요.
우리나라 정치, 경제, 문화, 교육의 중심지인 특별시, 특별자치시, 광역시에 대해 알아보아요.

마니산 469
북한산 837
서울특별시
인천광역시

세종특별자치시
대전광역시
계룡산 845

팔공산 1,193
대구광역시

지리산 1,915

울산광역시

광주광역시
무등산 1,179

부산광역시

우리나라의 수도, 서울특별시

서울은 대한민국의 수도일 뿐만 아니라 대한민국에서 가장 큰 도시예요. 서울은 대한민국의 정치와 경제, 문화, 사회의 중심지예요. 대통령이 나랏일을 하는 청와대를 비롯해 법을 만드는 국회의사당과 법을 심판하는 헌법재판소가 있고, 우리나라의 중앙은행인 한국은행과 예술의 전당 같은 금융시설과 문화 시설이 집중되어 있어요.

서울의 발자취

옛날 조선이 서울을 도읍으로 정할 때만 해도 지금의 종로구와 중구에 해당하는 지역만 서울 땅이었어요. 그 당시 서울은 북악산, 인왕산, 남산 등으로 둘러싸인 아늑한 분지였지요. 조선 시대 이후 서울은 정치, 경제, 교육, 문화, 교통의 중심 도시로 발달하기 시작했어요.

오늘날 서울을 동서로 가로지르는 한강은 1950년대 말까지만 해도 서울 남쪽 바깥을 흐르는 강이었어요. 당시 한강에는 한강 철교와 한강 대교만 있어서 한강을 건너다니기가 쉽지 않았지요. 그러다가 한강 남쪽에 도시가 개발되면서부터 한강의 북쪽과 남쪽을 잇는 다리들이 많이 놓였어요. 서울이 대략 오늘날의 모습을 갖추게 된 것은 1960년대 이후예요. 이때부터 빠르게 산업화가 진행되면서 지방에 있는 사람들이 교육과 일자리를 위해 서울로 모여들었어요.

분지
해발 고도가 더 높은 지형으로 둘러싸인 평지를 말해요. 보통의 평야보다 해발 고도가 높으며, 여름에는 덥고 겨울에는 아주 추운 대륙성 기후가 나타나요.

3 특별시와 광역시 이야기 65

서울 시가지
서울은 도로와 철도가 모이는 교통의 중심지일 뿐만 아니라 경제와 문화의 중심지예요.

1970년대에 들어서는 강남이 본격적으로 개발되었어요. 또 남대문 주변은 길이 넓어지면서 백화점, 호텔, 은행, 대기업들의 고층 빌딩이 속속 들어섰어요. 이 당시에 서울은 우리나라 공업의 중심지이기도 했어요. 영등포와 구로 지역의 공업 단지는 우리나라의 수출 산업을 이끌었지요. 오늘날에는 여러 가지 환경 오염 문제로 공장 대부분이 서울 변두리나 주변의 위성 도시로 옮겨 갔어요.

서울 인구가 800만 명을 넘어서기 시작한 1980년대 말부터는 대규모 아파트 단지가 곳곳에 들어섰어요. 아파트 건설은 끊임없이 이어져 오늘날 서울은 아파트의 숲이라고 해도 지나치지 않을 정도예요.

거대 도시, 서울

2013년 기준으로 서울은 인구 1019만 명으로 세계 20위 안에 드는 큰 도시로 성장했어요. 서울 인구는 우리나라 전체 인구의 약 5분의 1이나 차지할 정도로 많답니다.

　많은 인구가 모이다 보니 서울은 나날이 거대해졌고, 늘어나는 인구에 비해 주택이나 도로 등의 기반 시설은 빠르게 갖춰지지 못해서 여러 문제가 생겨나고 있어요. 거대 도시인 서울은 교통 문제, 주택 부족, 대기 오염 등 수많은 문제점을 안고 있지요. 특히 교통 문제는 매우 심각해요. 시시각각 교통 상황을 알려 주는 교통 방송이 등장하고 서울 구석구석에 지하철이 놓여도 교통 문제는 쉽게 해결되지 않고 있어요. 주택 문제도 서울의 골칫거리예요. 좁은 지역에 인구가 너무 많이 몰려 있어 집값이 다른 지역에 비해 무척 비싸거든요. 정부가 일산과 분당 등에 신도시를 건설하여 서울의 인구가 조금 분산되기는 했지만 아직까지 크게 줄지는 않고 있어요.

과거와 현재가 함께하는 도시

　서울은 과거와 현재가 함께하는 도시예요. 서울은 경복궁, 창덕궁, 덕수궁, 종묘 등 조선의 궁궐과 유적이 있어 서울의 옛 전통과 역사를 보여 주고 있어요. 강남 테헤란로와 구로 디지털 단지는 우리나라 정보 통신 산업을 이끄는 최첨단 도시인 서울의 모습을 잘 보여 준답니다. 전통과 현대의 활력이 만나 조화롭게 발전하는 서울, 바로 인구 천만 명이 넘는 대한민국 수도의 모습이에요.

광화문 광화문은 경복궁의 정문으로 조선 시대에는 그 앞에 육조 거리가 있었어요.

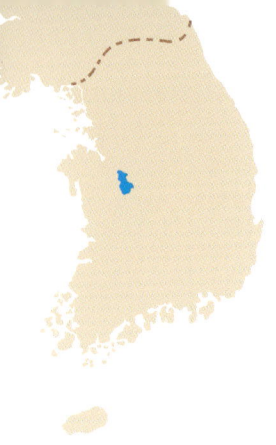

행정부가 있는 세종특별자치시

　세종특별자치시는 2012년에 새로 생긴 도시예요. 충청남도 연기, 공주, 충청북도 청주 일부 지역을 통합하여 만들었어요. 세종시는 10여 년 전에 계획되어 2012년에 비로소 탄생한 우리나라의 행정 수도예요. 정부 부처가 서울과 지방에 나뉘어 있으면 공무원들이 서울과 지방을 왔다 갔다 하면서 일을 해야 하기 때문에 여러 가지로 불편하다는 것이 세종시의 출범을 늦추었던 것이지요.

　행정 수도란 행정부의 여러 기관을 다른 지방으로 이전해 수도의 일부 기능을 맡는 도시를 말해요. 서울을 포함한 수도권은 행정부·입법부·사법부의 여러 기능이 집중되어 나날이 발전하고 있어요. 이에 반해 지방은 중요한 정부 기관도 없고, 그렇다고 내세울 만한 산업도 없어서 오랫동안 경제가 뒤떨어져 있었어요. 그래서 정부에서는 지방을 균형 있게 발전시키기 위해 남한의 허리에 세종시를 만든 거예요.

　2014년까지 국무총리실·기획재정부·공정거래위원회·농림수산식품부·국토해양부·환경부·교육과학기술부·문화체육관광부·지식경제부·보건복지부·고용노동부·국가보훈처·법제처·국민권익위원회·국세청·소방방재청 등이 세종시로 이전할 예정이에요.

　세종시로 중앙 행정 기관이 모두 옮겨 오면 공무원과 그의 가족들이 먼저 이주하고, 차례차례 관련 업체들도 입주해 점점 발전할 수 있을 것으로 보여요. 이렇게 되면 우리나라 국토가 균형 있게 발전하는 데 큰 보탬이 될 것이고요.

　세종시의 인구는 2013년 기준으로 약 11만 명이지만, 2030년에는 약 50만 명이 거주하는 큰 도시로 성장할 것으로 기대하고 있답니다.

행정 수도를 왜 만들었어요?

행정 수도가 이전하면 관련 업체도 따라가면서 지방이 발전할 것이라고 생각했기 때문이지.

정부 세종 청사
세종특별자치시에 있어요. 2014년까지 중앙 행정 기관이 입주할 예정이에요.

수도 서울의 관문, 인천광역시

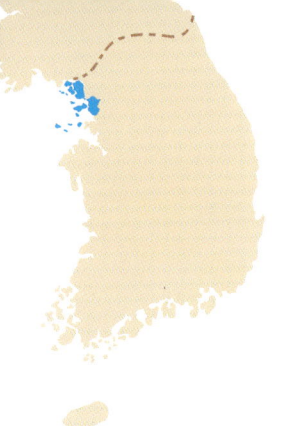

광역시
인구가 100만 명이 넘는 지방 자치 단체예요. 광역시에는 부산, 인천, 대구, 대전, 광주, 울산이 있어요.

　인천은 서해안 제1의 항구 도시이자, 부산에 이은 우리나라 제2의 항구 도시예요. 인천은 우리나라 6대 광역시 가운데 하나로 옛날에는 제물포라고 불렸어요. 예로부터 인천은 중국과의 교류가 활발했으며, 조선 말기에 항구를 외국에 개방하면서 크게 성장하기 시작했어요. 인천은 서울로 들어가는 관문이어서 늘 외부 침입 세력과 맞서야 했어요. 그래서 인천 앞바다에 있는 강화도는 많은 전쟁을 치렀어요. 강화도에 초지진, 덕진진, 광성보 같은 군사 시설이 있는 것도 이 때문이랍니다. 조선 시대 말에는 밀려 들어오는 서구 열강 세력과 맞서 신미양요와 병인양요를 치러 낸 지역이지요.

　인천의 인구는 2013년 기준으로 약 284만 3천 명으로 서울과 부산 다음으로 많아요. 우리나라 사람 100명 중 5명이 인천에 사는 꼴이죠. 인천은 우리나라에서 손꼽히는 공업 도시예요. 제물포가 개항한 이후 공장이 들어서기 시작해 1960년대 이후에는 경제 개발 계획에 따라 인천 지역에 많은 공장이 들어섰어요. 인천의 공업은 석유 화학, 자동차, 기계, 금속, 유리, 합판, 가구, 악기, 의복, 식품 등 무척 다양하게 발달했어요. 특히 인천 남동부 해안과 염전을 메워 만든 남동 공업 단지는 서울과 경기도에 있던 공장이 옮겨 오면서 생겼어요.

　인천은 도로와 철도, 해상 교통이 모두 발달했어요. 1899년에 제물포와 서울의 노량진을 잇는 우리나라 최초의 철도인 경인선이 개통되었어요. 또한 1968년에는 최초의 고속 국도인 경인 고속 국도가 놓였고요. 경인 고속 국도는 지금 인천항과 공항으로 수출품을 실어 나르는 데 큰 역할을 하고 있답니다. 1974년에는 서울의 지하철과도 연결됐어요. 인천의 교통 하면 무엇보다 2001년에 개항한 인천 국제공항을 들 수 있어요. 영종도와 용유도 사이의 바다를 메워서 만든 인천 국제공항은 우리나라를 동북아시아 물류의 중심지로 만든 국제적인 공항이 되었어요.

오늘날 인천은 외국인들이 자유롭게 경제 활동을 할 수 있는 경제 자유 구역으로 지정되어 국제도시로 성장할 발판을 마련했어요. 이 계획에 따라 영종도·송도·청라 지구에 여의도 면적의 70배에 이르는 국제적인 신도시를 만들고 있답니다.

경제 자유 구역
정부가 세금을 줄여 주고, 기업이 경제 활동을 하는 데 지장이 되는 법을 고쳐 많은 기업이 활발하게 투자하도록 만든 구역이에요. 보통 부두와 창고, 물류 설비가 갖추어진 지역에 지정해요.

인천 국제공항 인천은 아시아와 태평양을 잇는 항공 교통의 중심지예요.

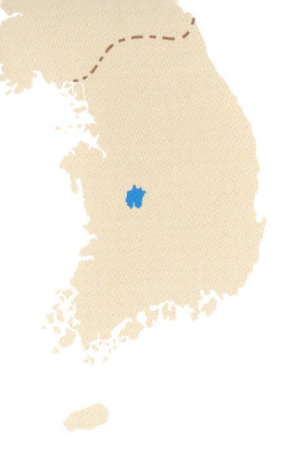

충청도의 핵심 도시, 대전광역시

대전은 충청남도 남동부에 자리 잡은 도시예요. 대전이라는 지명은 큰 밭이라는 뜻인 우리말, '한밭'을 한자로 옮긴 것이에요. 대전(大田)이라는 말처럼 옛날에는 넓은 밭에 농사를 많이 지었어요. 한적한 농촌이었던 대전은 1904년에 경부선이 지나면서 큰 도시로 발전했어요. 그러다가 1978년에 대덕 연구 단지가 들어서고, 가까운 계룡시에 1989년 육군·공군·해군 본부가 옮겨 오고, 1993년에 대덕 세계 박람회(대전 EXPO)를 개최하면서 군사 도시는 물론 과학 도시로도 자리매김했어요. 대전의 인구는 2013년 기준으로 약 152만 명이에요.

대전은 우리나라에서 교통이 가장 발달한 도시예요. 서울이 고속 국도와 철도의 첫 출발점이라면 대전은 중간 지점이에요. 대전은 서울과 경

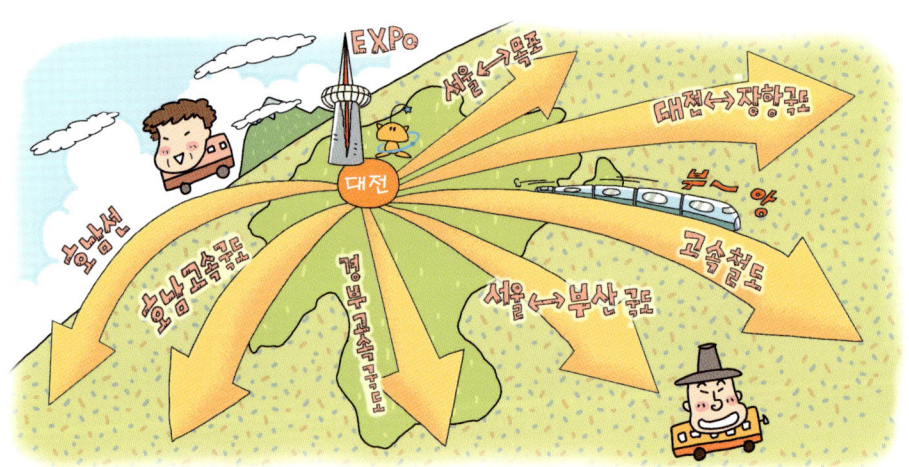

대덕 연구 단지
대전광역시에 있는 과학 기술 연구 단지예요. 이곳 연구원들은 로봇 공학, 태양 전지, 휘어지는 브라운관 등 신기술을 연구하고 있어요.

기도, 전라도와 경상도를 연결하는 길목에 있어서 우리나라의 중요한 도로와 철도가 거의 다 대전을 거쳐 가요.

먼저, 대전은 경부선과 호남선 철도가 지나요. 서울을 출발한 경부선은 대전을 거쳐 부산까지 이어지고, 호남선은 대전에서 광주로 이어져요. 고속 철도도 대전을 지나고 있어요. 대전은 또 경부 고속 국도와 호남 고속 국도가 갈라지는 곳이기도 해요. 이러한 이점 때문에 정부에서는 정부 기관을 대전으로 많이 옮겨 대전을 제2의 행정 도시라고도 한답니다.

대전은 모두 알다시피 과학 도시이기도 해요. 카이스트를 비롯해 대덕 연구 단지에서는 우리나라 미래를 이끌 로봇, 나노 기술, 신재생 에너지 등의 첨단 과학 기술이 쏟아져 나오고 있어요.

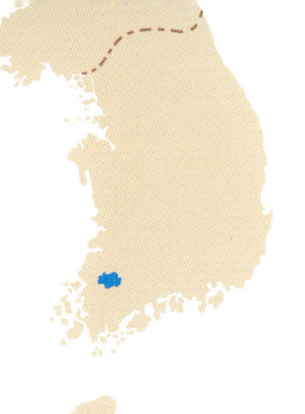

호남 지방의 중심 도시, 광주광역시

호남 지방
원래 금강이나 김제 벽골제의 남쪽 지방을 뜻하는 말로, 광주광역시를 포함해 전라남도와 전라북도를 합쳐서 부르는 말이에요.

광주는 전라남도 중북부에 있는 광역시예요. 호남 지방의 행정, 산업, 교육, 문화의 중심지로 전라남도의 이름난 학교와 회사가 모여 있어요. 2013년 기준으로 광주의 인구는 약 146만 9천 명이에요.

광주는 지형적으로는 산으로 둘러싸인 분지이고, 동쪽에 소백산맥의 줄기인 무등산(1,179m)이 우뚝 솟아 있어요. 여름에는 습기를 많이 머금은 공기가 북동쪽의 높은 소백산맥에 부딪히면서 비가 많이 와요. 광주는 특히 일제 강점기에 활동한 애국지사, 문인과 예술가가 많아요. 광주 사람들은 이것이 무등산의 정기 때문이라고 얘기해요. 또한 예향(예술의 고향)의 도시라는 별명을 가진 고장에 걸맞게 2년에 한 번씩 광주 비엔날레를 개최해요. 광주 비엔날레에서는 세계의 예술가들이 모여 자신의 예술 세계를 펼쳐요.

광주는 호남 지방의 공업 중심지이기도 해요. 일제 강점기에 방직 공장이 들어선 이후 섬유 공업이 발달했어요. 본촌 산업 단지는 식품, 석유, 화학, 기계 등이 발달했어요. 1970년에 문을 연 자동차 공장도 광주의 중요한 공업에 속해요. 송암 산업 단지에는 자동차 정비와 화학 공업 업체가 모여 있어요.

광주는 호남 지방의 중심 도시답게 각 지역을 잇는 도로망이 잘 갖춰져 있어요. 호남 고속 국도가 대전과 서울을 연결해요. 또한 남해 고속 국도를 통해 부산과의 교통도 편리해진 한편, 88올림픽 고속 국도로 대구와도 연결돼요. 철도는 호남선과 경전선이 지나며, 호남선 KTX가 모두 완공되면 광주에서 서울까지 약 1시간 30분 만에 갈 수 있어요. 광주의 특산물은 무등산 수박이에요. 무등산 수박은 기후와 토양 등 재배 조건이 까다로워 생산량이 많지는 않아요.

광주 비엔날레 광주에서 1995년부터 2년마다 열리는 국제 미술 전람회예요.

경상도의 중심 도시, 대구광역시

대구는 삼국 시대에는 달구벌로 불렸어요. 달구는 '닭'을 뜻하는데, 이것이 한자로 바뀌면서 대구(大丘)가 되었지요. 대구는 조선 중기부터 경상도의 중심 도시가 되었어요. 2013년 기준으로 대구의 인구는 약 250만 5천 명으로 서울, 부산, 인천 다음으로 많아요.

대구는 동서남북 사방이 산으로 둘러싸이고 중앙의 넓고 평탄한 분지에 자리 잡았어요. 대구의 대표적인 하천인 금호강은 동쪽에서 서쪽으로 흐르다 낙동강에 합쳐져요. 대구는 바닷가로부터 멀리 떨어진 내륙 분지여서 여름과 겨울의 온도차가 크게 벌어져요.

대구는 섬유 산업이 발달한 공업 도시이자 사과의 본고장으로 유명해요. 하지만 섬유와 사과의 도시는 옛말이고, 지금은 한방 의료 산업과 포도를 재배하는 도시로 바뀌었어요.

우리나라에서 처음으로 방직 공장이 세워진 대구는 일제 강점기와 8·15광복 이후에도 섬유의 도시로 유명했어요. 1960년대에는 국가로부터 많은 지원을 받고 섬유를 수출하면서 크게 성장했지요. 하지만 섬유 공업은 1980년대 들어 공장의 기계가 노후화되고, 우리나라보다 기술이 좋은 나라들이 많이 생기는 것은 물론 공장에서 일하는 사람들의 임금이

오르면서 쇠퇴하기 시작했어요. 섬유 공장이 하나둘 문을 닫자 사람들은 대구를 떠나기 시작했고, 대구 경제는 활기를 잃어 갔어요.

　대구는 경제적인 활기를 되찾기 위해 기존의 섬유 공업을 자동차 부품과 정보 통신업으로 꾸준히 바꾸었어요. 또 한방 의료 산업을 키우고, 경제 자유 구역을 지정해 외국인의 투자를 늘리려는 노력을 많이 했어요.

　현재 대구는 우리나라 인구가 나날이 고령화되어 의료 시장이 커질 것에 대비하고 있어요. 대구에는 350년 전통의 약재 시장인 약령시가 있고, 한약재 생산지인 경상북도와 가까운 이점이 있어요. 대구에는 우수한 한방 인력을 불러들이고 시설을 현대화하면서 대한민국의 의료 특별시를 꿈꾸고 있답니다.

대구는 사과가 유명하지?

아니, 지금은 지구 온난화로 사과보다는 포도가 더 많이 생산돼.

여름마다 가장 더운 곳으로 뉴스에 등장하는 곳이 대구예요.

대구는 산으로 빙 둘러싸여 있어. 그래서 여름에 뜨거운 열기가 쉽게 빠져나가지 못하지.

중화학 공업 도시, 울산광역시

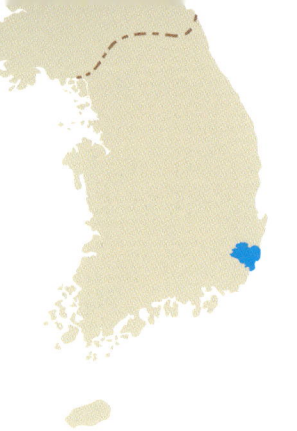

중화학 공업
철강 공업과 자동차 공업을 중공업, 정유와 석유 화학 공업을 화학 공업이라고 하며, 이 둘을 합친 공업을 말해요.

한반도 동남쪽에 있는 울산은 우리나라에서 가장 큰 중화학 공업 도시예요. 아시아에서 4대 공업 도시로 손꼽히고, 주민들의 소득이 높은 곳이에요.

울산은 조선 시대만 해도 '울주'라고 부르는 작은 어촌이었어요. 반구대 바위그림에 그려 있듯이 이곳 사람들은 고래를 잡으며 생활해 왔지요. 1900년대 초만 해도 인구가 3만 명에 불과했던 울산은 1962년에 시로 승격할 당시에는 약 8만 5천 명이 됐고, 2013년 기준으로는 114만 7천 명이 넘는 거대 도시로 발전했어요.

울산의 대표적인 공업은 석유 화학, 자동차, 조선, 비료 공업이에요. 울산은 1960년대 후반에 자동차 공업과 석유 화학 공업 단지가 들어섰고, 1970년대에는 조선소가 건설되면서 공업 도시로서의 모습을 갖추었지요. 이때 도시가 크게 발전했고요.

울산은 공업이 발달하자 인구도 자연스럽게 늘어나기 시작했어요. 다른 지방 사람들은 울산으로 오면 쉽게 일자리를 구할 수 있기 때문에 많이 이주해 오고 있답니다.

울산의 자동차 공장과 조선소는 세계적으로 이름이 났어요. 울산과 거제의 조선소에서 만드는 선박 생산량을 합하면 세계 2위를 차지할 정도예요. 이러한 중공업은 남자들을 울산으로 모이게 했어요. 작업이 힘들다 보니 남자들이 일하는 데 적합했기 때문이죠. 그래서 울산은 남자가 여자보다 더 많이 살아요.

울산이 중화학 공업 도시로 발달한 것은 수출과 수입에 유리한 입지 조건 때문이에요. 앞바다는 수심이 깊어 커다란 배를 만들기에 유리해요. 큰 항구가 있어, 물건의 원료를 외국에서 쉽게 수입해 올 수 있어요. 다 만든 물건은 배를 통해 수출하고요.

공업 도시 울산에도 자랑할 만한 유적지가 있답니다. 울주군 언양읍 대곡리 반구대 바위그림이 그것이에요. 반구대 바위그림은 울산 앞바다에 고래가 많이 살았음을 보여 주는 증거예요.

반구대 바위그림 선사 시대의 유적으로 추정하고 있어요. 여러 가지 모양의 고래, 멧돼지 등의 동물과 사냥을 하는 사람의 모습이 새겨져 있어요.

▶ 울산항

우리나라 제2의 도시, 부산광역시

부산은 우리나라 제1의 항구 도시예요. 서울 다음으로 큰 도시이기도 하지요. 부산의 인구는 2013년 기준으로 약 353만 8천 명으로 서울 다음으로 많아요. 부산은 우리나라의 남쪽 관문으로 우리나라에서 태평양으로 항해할 때 이용할 수 있는 가장 크고 편한 무역항이에요. 부산은 동쪽으로 대한 해협을 사이에 두고 일본과 마주해요. 부산은 뱃길만 편한 것은 아니에요. 부산에 있는 김해 국제공항은 사람과 화물을 전 세계로 실어 날라요.

따뜻한 해안가

부산은 바다의 영향을 많이 받는 기후로 기온의 변화가 적고 서울보다 따뜻해요. 겨울 평균 기온이 3.2℃, 여름 평균 기온은 25.9℃ 정도로, 제주도 다음으로 겨울철이 따뜻하지요. 연평균 강수량은 1,500㎜ 안팎으로 비가 많이 오는 지역이에요. 부산은 바람이 많은 것이 특징이에요. 특히 겨울엔 북서풍, 여름엔 남서풍과 해륙풍이 불지요.

부산을 가로지르는 낙동강 양쪽에는 넓고 기름진 김해평야가 발달해 있어요. 낙동강은 부산을 거쳐 남해로 흘러들어요. 또 부산은 해안선 가까이에 산이 있어서 태종대 같은 바위 절벽이 병풍처럼 서 있어요.

해륙풍
해안 지방에서 바다와 육지의 기온 차이 때문에 낮과 밤에 방향이 바뀌어 부는 바람을 말해요.
낮에 바다에서 육지로 부는 해풍과 밤에 육지에서 바다로 부는 육풍이 있어요.

남동 임해 공업 단지의 중심 도시

부산은 도로, 철도, 해상 교통이 고루 발달했어요. 고속도로는 경부 고속 국도와 남해 고속 국도가 이어져 있어서 서울은 물론 전국으로 빠르게 오고 갈 수 있어요. 경부선과 동해 남부선 철도도 뚫려 있고, 해상으로도 거제와 제주는 물론 일본과도 여객선이 오고 가요. 이렇게 교통이 발달한 덕분에 부산은 빠르게 공업이 성장했어요. 부산은 영남 지방의 남동 임해 공업 단지에서 가장 중요한 역할을 하는 도시예요. 남동 임해 공업 단지는 1960년대부터 경제 개발 계획의 하나로 건설되기 시작했어요. 자원이 거의 없는 우리나라에서 남동 임해 공업 단지는 산업을 발전시키는 데 큰 역할을 했답니다.

부산은 1876년에 맺은 강화도 조약으로 다른 나라에 문을 열었어요.

영남 지방
영남은 소백산맥에 있는 죽령과 조령의 남쪽에 있다는 데서 생긴 지명이에요. 대구와 부산 그리고 경상북도와 경상남도를 합쳐서 말해요.

부산항
밀물과 썰물의 차이가 크지 않고 바다가 깊어 큰 배도 안심하고 댈 수 있어요.

그 뒤 한때 전국의 90%나 되는 수출 물량을 실어 나를 정도로 큰 항구로 발전했지요. 오늘날에는 인천항과 평택·당진항 등이 빠르게 성장해서 취급하는 화물량이 줄어들기는 했지만, 아직도 남동 임해 공업 단지에서는 가장 큰 무역항이랍니다. 부산항은 산과 섬으로 둘러싸여 수면이 잔잔하고 조차가 적으며, 태평양을 거쳐 북아메리카로 가는 길목에 있어 항만으로서 유리한 조건을 두루 갖추고 있어요.

조차
밀물과 썰물 때의 수위의 차를 말해요.

풍부한 관광 자원

부산은 바다에 접해 있어 어업이 발달했어요. 특히 수산물을 사고파는 자갈치 시장은 부산에서 가장 큰 수산 시장이에요. 자갈치라는 이름은 충무동 로터리까지 뻗어 있는 자갈밭을 자갈처(處)라고 부르는 말에서 생겼다는 이야기가 있고, 자갈치라는 물고기 이름에서 따왔다고도 해요. 자갈치 시장은 6·25 전쟁 후 부산으로 피난 온 사람들이 이곳에서 장사를 하면서부터 수산 시장으로 자리를 잡았답니다.

부산은 바닷가에 있는 도시답게 이름난 해수욕장이 많아요. 해운대, 다대포, 송정, 송도 등의 해수욕장이 부산 시내에서 멀지 않은 곳에 있지요. 특히 해운대 해수욕장은 우리나라 사람들이 가장 많이 찾는 해수욕장으로 유명해요. 또 동래 온천과 해운대 온천, 태종대 온천 등은 부산이 자랑하는 온천 관광지예요.

해운대 해수욕장 수심이 깊지 않고 백사장이 1.8km나 이어져 있어요. 해마다 여름이면 많은 피서객이 다녀가요.

부산 하면 빼놓을 수 없는 것이 부산 국제 영화제예요. 매년 9~10월에 열리는 부산 국제 영화제는 아시아 최고 영화제로 자리 잡았어요.

부산은 우리나라에서 일본과 가장 가까운 곳이에요. 일본 관광객들은 여객선을 타고 부산과 일본을 수시로 오고 가지요. 해운대 지역은 일본어 간판을 단 상점과 대형 쇼핑몰이 모여 있어 새로운 관광 명소가 되고 있어요.

특별시와 광역시의 경제

특별시와 광역시는 우리나라의 정치·경제·문화의 중심지예요. 수출과 수입, 인구, 제조업체 수, 대학교 수는 어느 도시가 1등인지 알아보아요.

인구

우리나라의 수도인 서울은 인구가 가장 많아요. 전국 인구의 약 5분의 1을 차지하지요. 그 밖에 우리나라 제2의 도시인 부산에도 인구가 많은 것을 알 수 있어요.

지역별 인구(만 명)	서울특별시	세종특별자치시	인천광역시	대전광역시	광주광역시	대구광역시	울산광역시	부산광역시
	1019	11	284	152	146	250	114	353

(안전 행정부, 2013)

대학교 수

"말은 나면 제주도로 보내고 사람은 태어나면 서울로 보내라."는 속담이 있어요. 이러한 옛말처럼 우리나라 사람들은 제대로 공부하려면 서울로 가야 한다고 생각했어요. 서울에는 우리나라에서 대학교가 가장 많아요.

- 서울 48개
- 대구 11개
- 광주 17개
- 울산 4개
- 대전 15개
- 부산 22개
- 인천 7개

(종합 대학 수, 통계청, 2012)

무역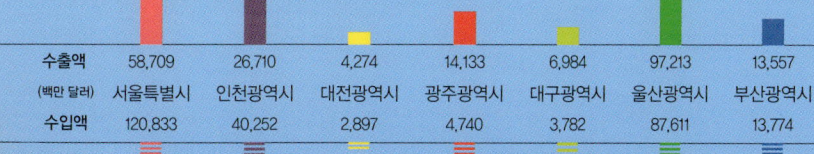

나라와 나라 사이에서 물건을 서로 사고파는 것을 무역이라고 해요. 제조업이 많은 서울을 비롯해 공장과 항구가 가까이 있는 인천, 울산, 부산은 다른 나라와의 무역이 활발해요.

	서울특별시	인천광역시	대전광역시	광주광역시	대구광역시	울산광역시	부산광역시
수출액 (백만 달러)	58,709	26,710	4,274	14,133	6,984	97,213	13,557
수입액	120,833	40,252	2,897	4,740	3,782	87,611	13,774

(통계청, 2012)

제조업체 수

제조업체는 특별시와 광역시 가운데 서울이 가장 많아요. 제조업체가 많으면 산업이 활발해 이에 따른 일자리가 많지요. 지역 내 총생산은 한 지역 안에서 생산한 상품과 서비스를 값으로 매긴 것이에요. 서울과 울산이 지역 내 생산 활동도 활발해요.

일자리(개)		지역 내 총생산(원)
56,026	서울	238조
20,922	인천	59조
6,592	대전	27조
7,478	광주	26조
23,962	대구	37조
5,332	울산	69조
26,519	부산	62조

(통계청, 2011) (통계청, 2012)

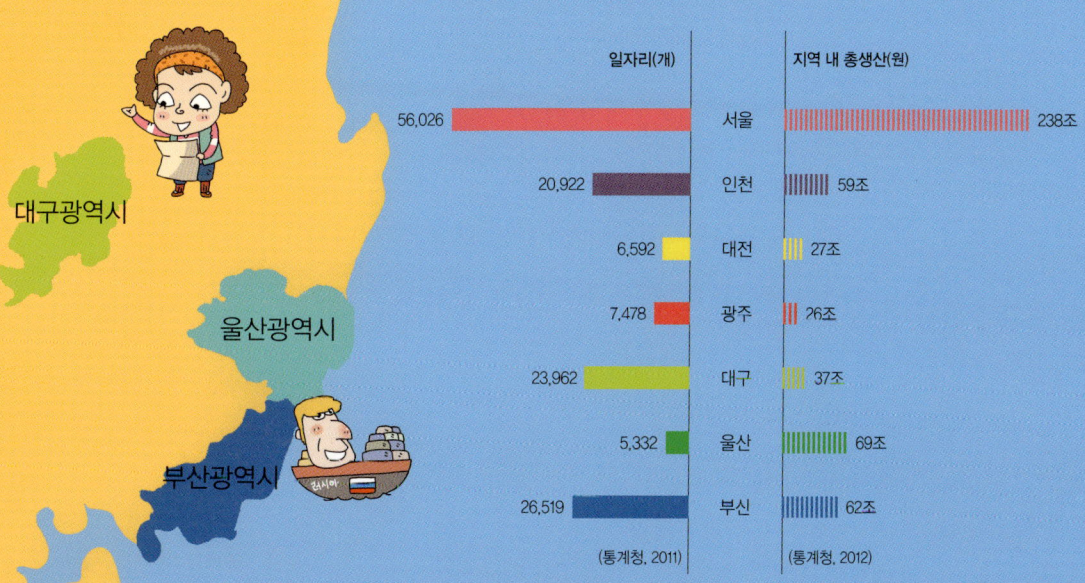

4 경기도 이야기

경기도는 서울을 동그랗게 감싸고 있어요.
경기도는 예로부터 서울과 가까워 서울의 영향을 많이 받았어요.
그래서 조선 왕조와 관련된 문화 유적이 많이 있어요.
지금도 경기도는 서울의 기능을 일부 맡아서 발달하고 있어요.
서울의 인구와 산업을 분담하면서 많은 도시가 생겨났지요.
경기도의 특징과 여러 도시를 함께 알아보아요.

서울을 둘러싸고 있는 경기도

　경기도는 우리나라의 서쪽 중앙에 있고, 한반도의 허리에 있어요. 수도 서울을 감싸고 있는 경기도는 지형이 비교적 낮고 큰 강들이 흘러 평야가 넓게 펼쳐져 있어요. 경기도에 있는 평야로는 김포평야, 파주평야, 평택평야, 여주·이천평야가 있어요. 경기도는 평야가 많아서 예로부터 물자가 풍부했어요. 그래서 사람들이 많이 모여 살았어요.

　경기도는 서울의 북쪽인 경기도 북부와 서울의 남쪽인 경기도 남부로 나뉘어요. 경기도 북부의 중심지는 의정부, 경기도 남부의 중심지는 성남과 수원이에요. 경기도 북부는 여름에 집중 호우가 많이 내려요. 경기도의 연평균 강수량은 1,300㎜ 정도이고, 연평균 기온은 11~12℃예요.

　경기도는 시가 28개나 있어요. 경기도에 도시가 집중된 것은 공업이 발달해 일자리가 많아서 다른 지방 사람들이 이사를 많이 왔기 때문이에요. 2013년 기준으로 경기도의 인구는 약 1209만 3천 명으로 우리나라 전체 인구의 4분의 1 가까이 차지해요.

　경기도는 서울 다음으로 대학이 많고 교통도 편리해요. 경부 고속 국도와 고속 철도가 지나고 경기도 곳곳까지 지하철이 놓여 있어요.

경부 고속 국도 경부 고속 국도 주변에는 경기도의 주요 도시들이 모여 있어요.

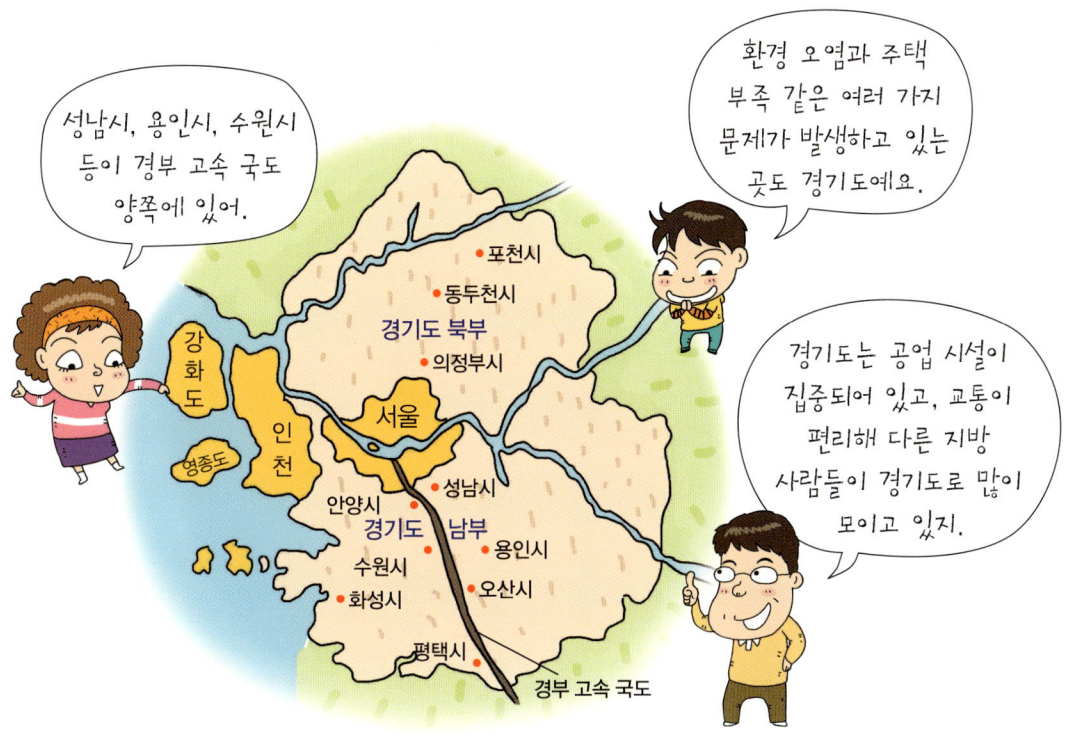

도시화와 수도권

지리백과

서울의 잠실에는 높은 빌딩과 아파트가 빼곡히 들어서 있어요. 강남 '테헤란로'의 고층 빌딩에는 우리나라의 소프트웨어 업체와 벤처 기업이 줄지어 있어요. 그런데 이곳이 40년 전만 해도 뽕나무가 자라고, 배밭과 채소밭이 펼쳐진 시골이었다면 믿겨지나요? 이렇게 농촌이었던 곳이 고층 빌딩과 도로가 들어서고, 사람들이 많이 사는 도시로 변하는 것을 '도시화'라고 해요.

우리나라의 수도권은 도시화 과정을 잘 보여 주고 있어요. 인천, 경기도, 서울을 통틀어 말하는 수도권은 우리나라가 1960년대 이후에 산업화되면서 도시로 빠르게 변했어요. 수도권에는 우리나라 인구의 절반가량이 살아요. 일자리와 문화·교육 시설이 집중되어 있어서 사람들이 수도권으로 많이 모인답니다.

경기도의 중심지, 수원시

수원 화성으로 잘 알려진 수원시는 경기도 남부에 있어요. 수원이라는 도시 이름은 옛날 우리말로 '물벌', 즉 물웅덩이가 많은 벌판이라는 뜻이에요. 황구지천과 수원천 등의 작은 하천들이 많아 이러한 이름이 생겼어요. 우리나라의 평균 기후를 나타내는 수원은 여름과 겨울의 온도차가 크게 벌어져요. 연평균 강수량은 1,300㎜ 정도 돼요.

수원은 2013년 기준으로 약 112만 명으로 경기도에서 인구가 가장 많아요. 수원은 넓이가 서울의 약 5분의 1 정도이지만 경기도청이 있어서 경기도의 행정, 정치, 문화, 금융을 담당하고 있어요. 수원은 가까이 있는 평택, 오산 등과 연결되어 도시가 커지고 있어요.

예로부터 수원은 서울의 남쪽 관문 구실을 해 왔어요. 그래서 충청도나 전라도에서 큰길을 따라 서울을

수원은 옛날부터 교통의 요지였어. 지금도 경부 고속 국도와 경부선 철도가 지나 경기도 남부의 중심지 역할을 톡톡히 하고 있지.

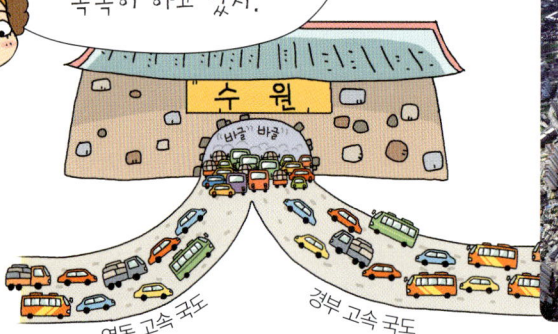

수원의 전자 공업 단지 수원에는 전자 공업과 정보 통신 업체가 많아요.

가려면 반드시 수원을 거쳐야 했지요.

　수원은 벼농사도 많이 지었어요. 일제 강점기에는 우리나라의 농업 기술을 전국에 보급하는 중심지였고요. 지금도 수원에는 농촌 진흥청을 비롯하여 농업을 연구하는 연구소가 많이 모여 있어요.

　수원은 일제 강점기인 1905년에 경부선 철도가 개통되어 철도 교통의 중심 도시가 되었어요. 오늘날에는 수도권 전철과 경부 고속 국도가 지나고, 영동 고속 국도와도 연결되어 어느 지방이나 쉽게 오고 갈 수 있어요. 이러한 이점 때문에 수원에는 공장들이 많아요. 그 가운데 전기·전자와 정보 통신 업체가 많이 입주해 있어요.

　수원은 화성으로 유명해요. 화성은 조선의 왕인 정조가 자신의 아버지인 장헌 세자의 묘를 수원의 화산으로 옮기면서 만들었어요. 화성은 화산 아래에 있던 관청과 민가를 다른 곳으로 옮기고 성곽과 궁성을 계획적으로 세운 조선 시대의 신도시랍니다.

수원 화성
정조가 신도시를 계획하면서 만든 성곽이에요. 1997년에 유네스코 세계 문화유산으로 지정되었어요.

뒤주에서 죽은 불쌍한 우리 아부지.

경기도 남부의 중심 도시, 성남시

성남시는 경기도 남부에 있어요. 1973년에 시로 승격되었고, 2013년 기준으로 인구가 약 97만 명이나 되는 거대 도시가 되었어요. 성남은 서울의 인구와 공장을 분산시키려는 정책으로 탄생한 도시예요. 1960년대에 서울은 일자리를 얻기 위해 인구가 많이 몰리면서 주택 부족 문제가 큰 사회 문제가 되었어요. 이때 정부에서는 서울의 무허가 판자촌에 살던 사람들을 성남으로 집단 이주시켰어요. 또 1970년대 후반에 서울의 공장들이 이곳에 이주해 오면서 성남의 인구는 크게 증가하기 시작했지요. 1980년대 이후로도 서울의 주택이 계속 부족하자 정부에서는 서울 외곽에 1기 신도시를 조성했어요. 이때 성남에 분당 신도시가 만들어졌어요. 또 2000년대에는 판교에도 신도시가 생겨 성남은 폭발적으로 성장했어요.

성남은 경기도 남부는 물론 서울과의 교통이 편리해요. 분당선과 신분당선 전철이 놓이면서 수원, 용인, 서울과 빠르게 오고 갈 수 있어요. 또 경부 고속 국도가 바로 시의 동쪽을 지나 지방으로 오고 가기도 편해요.

성남을 지나는 경부 고속 국도는 기업이 지방에 있는 공장과 연구 시설에 쉽게 오고 갈 수 있게 해 주었어요. 그래서 기업의 본사가 하나둘씩 성남의 분당과 판교에 둥지를 틀었어요. 특히 판교에 테크노 밸리가 들어서면서 정보 통신 기업들이 많이 모이고 있답니다.

이러한 기반 시설 외에도 성남은 극장과 백화점, 도서관, 교육 등의 문화 시설도 잘 갖추고 있어요. 성남 주민들은 굳이 서울에 가지 않고도 문화생활을 충분히 누리게 되었고, 이러한 문화 시설은 경기도 남부 도시 사람들을 성남으로 불러 모으고 있답니다.

경부 고속 국도 양쪽에 분당 시가지가 있단다.

분당 신도시 1980년대 성남에 생긴 신도시예요. 대기업의 본사가 많이 있어요.

이곳에는 600여 개의 첨단 정보 통신 기업이 입주해 있어.

판교 신도시 우리나라를 대표하는 정보 통신 기업이 모여 있어요.

서울의 위성 도시, 안양시와 부천시

안양시는 경기도 남부에 있고, 부천시는 경기도 서부에 있는 도시예요. 두 도시는 서울의 영향을 많이 받는 위성 도시예요. 안양과 부천은 다른 경기도의 도시와 비슷하게 서울의 인구를 분산시키기 위해 생겨났어요.

안양은 1970년대까지 기계·금속·전기·전자·화학 업종의 공장들이 모여 있었어요. 또 채소와 꽃 등을 기르는 근교 농업도 발달한 곳이었지요. 공장과 근교 농업 지대였던 안양은 1990년대 평촌 신도시가 들어서면서 크게 발전하기 시작했어요. 지하철 4호선이 들어선 것도 도시화를 더 빠르게 재촉했어요. 2013년 기준으로 안양시는 61만 1천 명이 넘는 인구를 자랑해요.

복숭아 과수원 지역이었던 부천은 경인선 철도의 소사역이 생기면서 성장하기 시작했어요. 경인선 철도는 인천과 서울을 연결해요. 부천은 1970년대 이후 서울의 작은 공장들이 이전해 오면서 인구가 늘어나기 시작했고, 그 뒤 10년마다 인구가 30만 명 이상 증가했어요. 1973년에 약 5만 명이었던 부천의 인구는 1995년에 77만 명을 넘어섰어요.

1990년대에는 부천에 1기 신도시인 중동 신도시와 상동 신도시가 들어서면서 인구가 폭발적으로 늘었지요. 부천은 2013년에 인구가 86만 9천 명을 넘어섰답니다. 부천시는 현재 경기도 서부 지역의 중심 도시로 성장했어요.

근교 농업
대도시 주변에서 도시민이 소비하는 채소, 과실, 꽃 등을 집약적으로 재배하는 상업성이 높은 농업을 말해요.

안양에는 1기 신도시인 평촌이 있어.

▶ **평촌 신도시**
1990년대에 신도시가 만들어졌어요.

위성 도시란?

지리백과

대도시에 일자리와 교육·문화 시설을 누리기 위해 사람들이 너무 모이면 많은 도시 문제가 생겨요. 대도시에는 주택과 학교가 부족해지고, 도시 중심가는 늘 교통이 막히며, 대기 오염도 점점 심해져요. 그래서 대도시 옆에 새로운 도시를 만드는데, 이러한 도시를 위성 도시라고 해요. 커다란 도시의 옆에 위성처럼 가까이 있다고 해서 위성 도시라고 하지요. 우리나라는 서울의 문제를 해결하기 위해 경기도에 위성 도시를 만들었어요. 인구를 분산하기 위한 고양, 성남, 부천, 안양, 행정 기능을 담당하는 과천, 공업 기능을 담당하는 시흥과 안산, 군사 기능을 담당하는 의정부와 동두천 등이 경기도에 있는 위성 도시랍니다.

경기도 북부의 중심 도시, 의정부시와 동두천시

의정부시와 동두천시는 경기도 북부에 있는 대표적인 도시예요. 두 도시 모두 서울의 위성 도시로 경원선 철도가 지나요. 동두천은 의정부와 함께 수도인 서울을 방어하는 역할을 해요. 6·25전쟁 이후 지금까지 미군 부대가 주둔하고 있답니다.

의정부는 서울특별시 바로 북쪽에 위치해 서울의 관문 역할을 하고 있어요. 의정부라는 지명은 조선 시대 초에 태조가 함흥에서 돌아온다고 하자 그의 아들 태종이 국가 최고 회의 기관인 '의정부'를 이곳에 잠시 옮긴 데에서 유래되었어요. 오늘날 의정부는 군사 전략상의 요지예요. 군사 분계선이 가깝기 때문에 이곳이 무너지면 서울도 위태롭거든요.

동두천의 미군 부대 동두천은 북한과 가까워서 언제 있을지 모르는 북한의 도발에 대비하고 있어요.

의정부에도 서울을 방어하는 군대가 많이 있어.

동두천은 서울과 북한의 원산시를 잇는 경원선 철도가 지나요.

경원선 철도
2006년에 의정부에서 동두천까지의 철로를 1개에서 2개로 바꾸었어요.

 경원선이 지나고 서울 외곽 순환 고속 국도가 놓이면서 의정부는 인구가 계속 늘어나고 있어요. 의정부의 산업은 뚜렷하게 발달한 것은 없지만 서울과 가까워서 의정부로 이주해 오는 사람들이 꾸준히 늘어나고 있어요. 미군 부대가 주둔해 있어서 미국 군인을 대상으로 한 상업과 서비스업이 발달했어요.

 동두천은 서울의 북쪽에 있는 군사 도시예요. 원래 경원선 철도가 지나는 작은 역이었지만, 수도를 방어하는 군대가 들어서면서 도시가 발달했어요. 동두천은 경치가 빼어난 곳도 많아요. 소요산과 탑동 계곡은 수도권과 서울 주민이 많이 찾아요.

 의정부와 동두천은 지금은 북한과의 거리가 가까워 크게 발달하지 못하고 있어요. 하지만 남북이 통일되면 경원선을 통해 남북을 연결하는 중심 도시로 성장할 가능성이 많아요.

경기도의 이모저모

'경기(京畿)'는 고려 시대부터 부르던 이름이에요. '경기'는 왕이 사는 그 주변을 부르던 말로 '천자가 도읍한 곳'이라는 뜻이 있어요. 예로부터 수도와 가까웠던 경기도의 옛 문화와 눈부시게 발전한 현재의 모습을 함께 알아보아요.

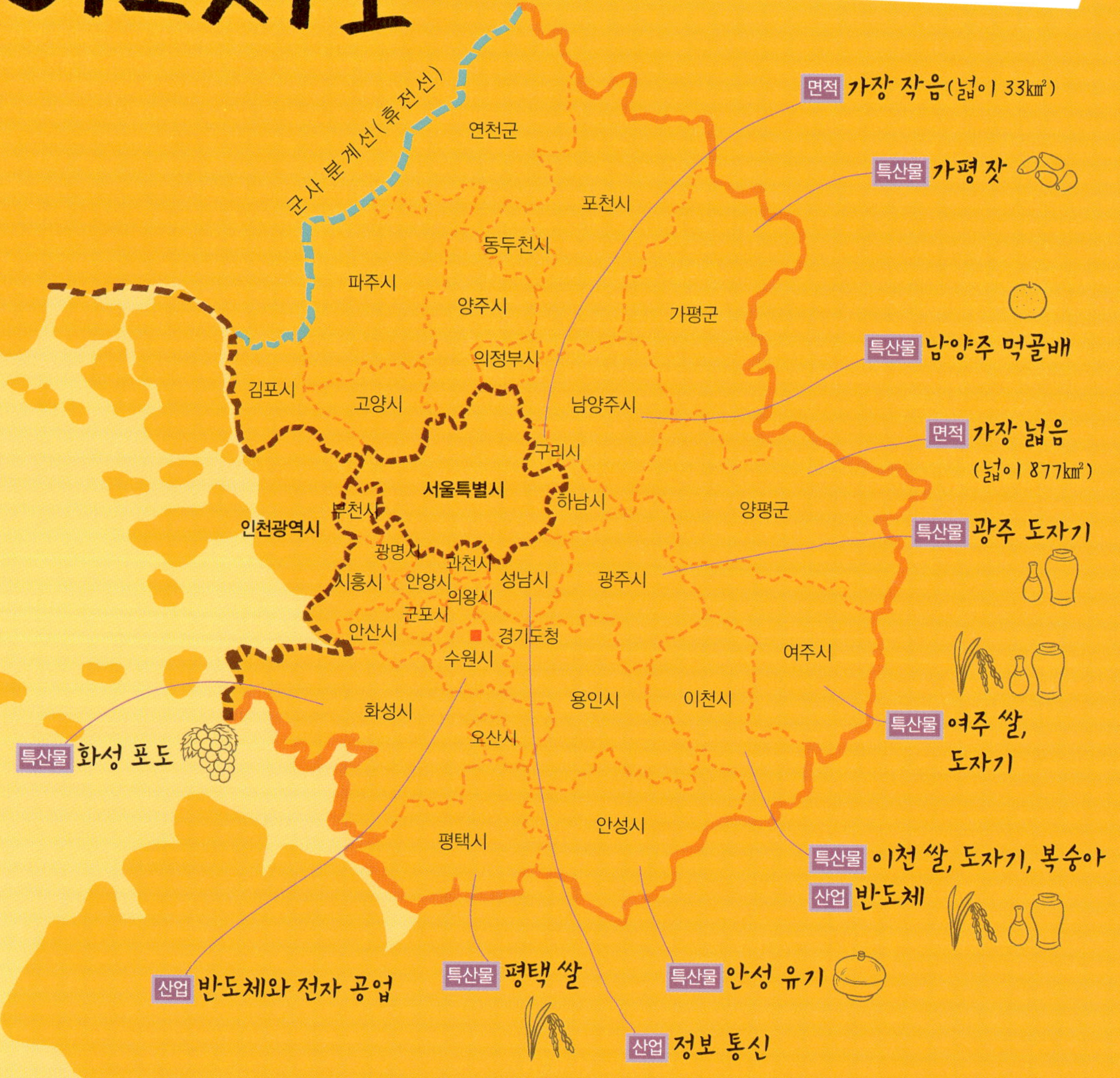

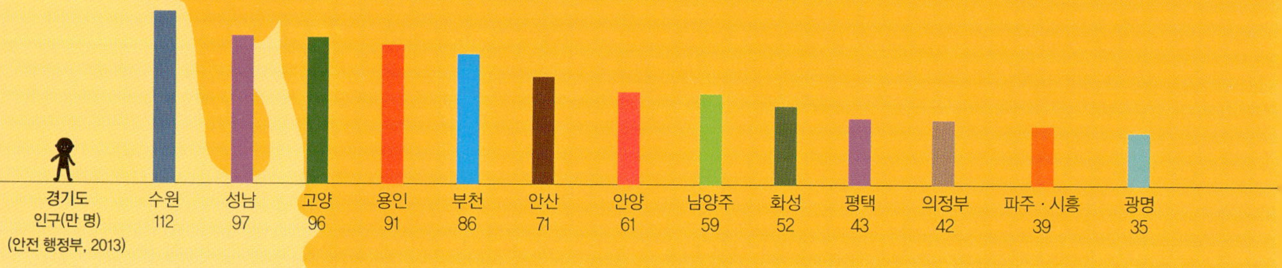

군사 분계선(휴전선)

연천군, 포천시, 파주시, 동두천시, 양주시, 가평군, 의정부시, 김포시, 고양시, 남양주시, 구리시, 서울특별시, 하남시, 양평군, 인천광역시, 부천시, 광명시, 과천시, 시흥시, 안양시, 성남시, 광주시, 군포시, 의왕시, 안산시, 경기도청, 수원시, 여주시, 용인시, 이천시, 화성시, 오산시, 평택시, 안성시

- 면적 가장 작음 (넓이 33㎢)
- 특산물 가평 잣
- 특산물 남양주 먹골배
- 면적 가장 넓음 (넓이 877㎢)
- 특산물 광주 도자기
- 특산물 여주 쌀, 도자기
- 특산물 이천 쌀, 도자기, 복숭아
- 산업 반도체
- 특산물 안성 유기
- 산업 정보 통신
- 특산물 평택 쌀
- 산업 반도체와 전자 공업
- 특산물 화성 포도

경기도 인구(만 명) (안전 행정부, 2013)

지역	인구(만 명)
수원	112
성남	97
고양	96
용인	91
부천	86
안산	71
안양	61
남양주	59
화성	52
평택	43
의정부	42
파주·시흥	39
광명	35

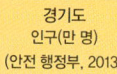

조선 왕조의 문화유산

남한산성(사적 제57호)
경기도 광주 남한산에 있는 조선 시대의 산성이에요. 경기도는 왕이 사는 수도와 가까웠기 때문에 산성이 많아요. 이곳에서 외적의 침략을 막아야 수도가 안전하니까요.

조선 왕릉
경기도에는 조선 왕릉이 많아요. 여주 외에도 구리, 파주, 화성, 양주, 남양주, 김포에도 조선 시대의 왕과 가족의 능이 있어요. 영릉은 경기도 여주에 있는데, 조선 4대 왕인 세종과 부인 소헌왕후 심씨의 무덤이에요. 조선 왕릉은 유네스코 세계 문화유산으로 지정되어 있어요.

수원 화성 문화제

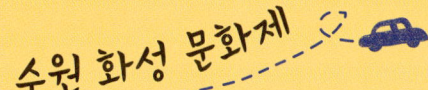

수원과 화성에서 함께 진행해요. 정조의 지극한 효심과 화성 축성의 의미를 기리고 있어요. 조선 22대 왕인 정조는 비운에 돌아가신 아버지 장헌 세자의 묘를 1789년에 수원부 화산(현 화성시)으로 옮기고, 지극한 효성으로 이곳을 자주 참배했어요. 수원 화성 문화제에서는 정조의 행렬을 재현하는 행사가 열려요.

군포·김포	광주	이천·오산·양주	구리	안성	의왕·포천	하남	여주·양평	동두천	과천	가평	연천
28	27	20	19	18	15	14	10	9	7	6	4

5. 강원도 이야기

산 높고 물 맑은 강원도는 땅덩어리의 80%가 산이에요.
강원도는 아름다운 산 옆에 바로 바다가 있어서
우리나라에서 가장 인기 있는 관광지예요.
강원도의 아름다운 자연환경과 도시를 알아보아요.

산 높고 물 맑은 강원도

인구 밀도
일정한 면적에 대한 인구의 비율로 보통 1㎢ 안의 인구로 나타내요. 인구 밀도가 높으면 같은 면적에 비해 사람이 많이 산다는 것을 뜻해요.

강원도는 우리나라 중부의 동쪽에 있어요. 남한에 있는 도 가운데 경상북도 다음으로 땅덩어리가 넓지만 인구 밀도는 가장 낮아요. 2013년 기준으로 강원도의 인구는 약 153만 8천 명이에요. 강원도는 경기도 땅덩어리보다 1.6배나 넓지만 인구는 경기도의 약 8분의 1밖에 되지 않아요. 강원도는 땅덩어리의 약 80%가 산이고 농사를 지을 수 있는 땅은 10%정도여서, 사람들이 많이 살지 않아요.

강원도에 있는 설악산, 오대산, 태백산은 한반도의 등줄기를 이루는 태백산맥에 걸쳐 있어요. 산과 산 사이에는 진부령, 한계령, 대관령 등의 높은 고개도 있지요.

강원도는 태백산맥을 경계로 동쪽을 영동, 서쪽을 영서 지방이라고 해요. 영동과 영서 지방은 태백산맥 때문에 기후가 많이 달라요. 영동 지방에는 강릉, 속초, 동해, 태백 같은 도시가 있고, 영서 지방에는 철원, 춘천, 홍천, 원주, 평창, 정선 등이 있어요.

영동 지방은 우리나라에서 자원의 보고예요. 연탄의 원료인 무연탄은 태백과 정선 등에 많이 묻혀 있고, 시멘

태백산맥 강원도는 태백산맥이 시작되는 곳이에요. 1,000m가 넘는 산들이 첩첩이 이어져 있어요.

트의 원료인 석회석은 영월과 삼척, 철광석은 양양에 많이 매장되어 있어요.

무엇보다 강원도 하면 생각나는 것은 깨끗하고 아름다운 자연환경이에요. 설악산, 오대산, 태백산은 남한에서도 내로라하는 아름다운 산이에요. 동해안에는 하얀 모래사장과 푸른 바닷물이 어우러진 해수욕장이 많아요. 또한 겨울철 눈이 많이 내리는 평창에는 스키장이 많아요. 이렇듯 사계절 내내 관광과 레저를 즐길 수 있는 곳이 강원도예요.

고랭지 농업 영동 지방의 해발 고도가 높은 고원에서는 배추, 무, 감자 등을 재배하는 고랭지 농업이 발달했어요.

호수의 도시, 춘천시

강원도의 도청이 있는 춘천시는 영서 지방의 교육·행정·문화의 중심 도시예요. 춘천의 인구는 2013년 기준으로 약 27만 3천 명이에요. 수도권과 가까워 강원도에서 원주 다음으로 인구가 많아요.

춘천은 바다와 멀리 떨어져 있어서 여름에는 덥고, 겨울에는 아주 추운 대륙성 기후가 나타나요. 연평균 강수량은 1,340㎜로 강수량은 여름에 집중되는 편이에요.

춘천은 큰 호수가 많아서 흔히 '호반(호숫가)의 도시'라고 해요. 춘천은 금강산에서 시작된 북한강과 인제에서 흘러나온 소양강이 만나는 곳이에요. 춘천의 북한강과 소양강에 춘천 댐, 의암 댐, 소양강 댐이 만들어지자 강의 골짜기는 온통 호수로 바뀌었어요. 이렇게 댐이 물길을 막아서 생긴 인공 호수가 춘천호, 의암호, 소양호예요. 춘천의 인공 호수는 주변의 산과 골짜기와 어우러져 빼어난 경치를 뽐내요.

인공 호수 덕분에 춘천은 낚시, 보트, 윈드서핑 등을 즐길 수 있는 레저와 휴양 도시로 자리 잡았어요. 춘천의 관광지는 경춘선 철도와 서울-춘천 간 고속 국도의 개통으로 빛을 발하고 있어요. 특히 관광객이 많이 찾는 남이섬은 이웃 가평에 청평 댐이 완공되면서 생겼어요. 해외에서도 인기 있는 드라마의 촬영지였던 남이섬에는 우리나라 드라마를 좋아하는 일본 사람이 많이 찾아요.

춘천의 호수들은 홍수를 조절해 주고, 댐에서 떨어지는 물은 전기를 생산하지.

춘천 댐 1965년에 북한강 상류를 막아 만들었어요. 수도권과 강원도에 전기를 공급해요.

남이섬은 유명한 관광지야. 1944년에 청평 댐이 생기면서 섬이 되었어.

남이섬 조선 시대 세조 때 역적으로 몰려 죽은 남이 장군의 묘가 있어서 남이섬이라고 불려요. 산책로, 놀이 시설, 방갈로 등의 편의 시설이 갖추어져 있어요.

지리 뉴스

춘천도 이제는 수도권

서울과 춘천을 잇는 고속 국도가 2009년 7월에 개통되었어요. 서울-춘천 간 고속 국도가 개통됨에 따라 서울에서 춘천까지의 이동 시간이 종전 70분에서 40분으로 줄어들었어요. 게다가 2010년에는 경춘선이 복선 철도(겹으로 된 철로)가 되면서 서울로 출퇴근하는 춘천 시민들이 많이 늘어났어요. 고속 국도와 복선 철도의 개통으로 춘천은 사실상 수도권에 있는 도시가 되었어요.

영동 지방의 중심 도시, 강릉시

강릉시는 평창군과 경계에 있는 대관령 아흔 아홉 고개를 넘어 내려가면 만날 수 있어요. 예로부터 강릉은 영동 지방의 한가운데에 있어 강원도의 중심 도시였어요.

강릉은 동해안의 여느 도시처럼 바다의 영향을 많이 받아 겨울에는 따뜻하고 여름에는 시원해요. 연평균 강수량은 1,460㎜ 정도로 많은 편이고, 겨울에는 눈이 많이 내려요. 강릉 앞바다에는 한류인 북한 해류와 난류인 동한 해류가 만나 물고기들이 풍부해요. 한때 주문진 앞바다에서는 겨울철이면 대구와 명태가 많이 잡혔어요. 지금은 지구 온난화로 대구와 명태는 예전만큼 많이 잡히지는 않지만 여름철에는 오징어와 꽁치가 많이 잡혀요.

경포대 해수욕장
경포대 인근에 있는 동해안 최고의 해수욕장이에요. 해변의 길이가 1.8㎞나 돼요.

여기가 강릉 경포대 해수욕장이야.

강릉은 역사적으로 영동 지방의 정치, 경제, 문화, 행정의 중심지였어요. 하지만 높고 가파른 산이 많아서 다른 지방과 오고 가는 데 불편했어요. 다른 지방 사람들이 강릉을 많이 찾아오기 시작한 때는 1975년에 수도권에서 강릉을 연결하는 영동 고속 국도가 놓이면서부터예요. 영동 고속 국도가 생기면서 강원도의 관광지가 빛을 발하기 시작했어요.

강릉은 볼거리와 즐길 거리가 아주 많아 강원도의 대표적인 관광지가 됐어요. 경포대 해수욕장은 바닷물이 차고 모래사장이 넓어서 해수욕을 하기에 알맞아요.

강릉에는 해수욕장뿐만 아니라 문화유산도 많아요. 경포대는 경포호 북서쪽에 자리 잡은 고려 시대의 누각이에요. 경포라는 이름은 호수의 물이 거울처럼 맑다고 해서 붙여진 이름이에요. 오죽헌은 조선 시대의 학자인 율곡 이이와 그의 어머니 신사임당이 태어난 집이에요. 이 집은 조선 시대에 지어졌어요. 집 뒤뜰에 색이 검은 대나무가 울타리처럼 자라서 '오죽헌'이라는 이름이 붙여졌어요.

이 밖에도 강릉에는 최초의 한글 소설 〈홍길동전〉을 쓴 허균이 태어난 집, 조선 시대 사대부 주택의 모습을 고스란히 간직한 아흔 아홉 칸 고택인 선교장, 음력 5월 5일에 열리는 강릉 단오제 등 문화유산이 여럿 있어요.

> 단옷날 대관령 산신께 제사를 지내는 모습이야.

강릉 단오제 2005년에 유네스코에서 인류 무형 문화유산으로 지정했어요.

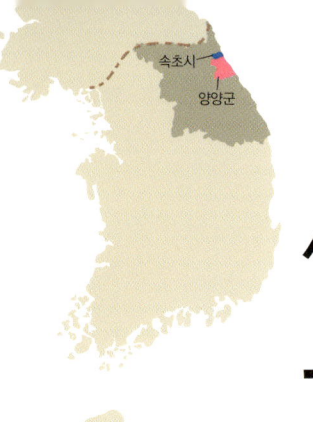

설악산과 바다를 품은 속초시와 양양군

속초시와 양양군은 태백산맥 북쪽에 자리 잡은 동해안의 관광지예요. 두 곳 모두 바다의 영향을 많이 받아 겨울에는 포근하고 여름에는 시원해요. 연평균 강수량은 1,400㎜ 안팎이에요. 2013년 기준으로 속초의 인구는 약 8만 3천 명으로 양양보다 네 배 가까이 많아요.

속초와 양양이 우리에게 친숙한 건 설악산(1,708m)과 탁 트인 동해 바다 때문이에요. 관광객이 가장 많이 찾는 곳이 설악산과 동해 바다거든요. 속초와 양양은 설악산과 바다가 가까이 붙어 있어요. 설악산 정상에 올라서서 보면 북쪽은 속초, 남쪽은 양양, 동쪽은 동해 바다예요.

속초의 관광지로는 설악산과 해수욕장 외에 영랑호와 청초호 같은 호수가 있어요. 영랑호와 청초호는 아주 오래전에 바닷물이 흘러들어 왔다가 모래가 둑처럼 쌓여 바닷물이 빠져나가는 것을 막아 생긴 호수예요. 이렇게 만들어진 호수를 '석호'라고 해요. 호수의 물을 막아 주는 모래 둑은 훌륭한 방파제 구실을 하지요.

설악산 국립공원 설악산은 우리나라에서 가을 단풍이 가장 먼저 들어요. 또한 울산 바위와 병풍 바위 같은 기암괴석과 깨끗한 계곡이 볼거리예요.

양양은 특히 해수욕장으로 유명해요. 낙산 해수욕장, 하조대 해수욕장

등 이름난 해수욕장이 10개가 넘어요. 낙산 해수욕장은 낙산사 때문에 더욱 유명해요. 낙산사는 통일 신라 시대 때 의상 대사가 세운 절인데, 바닷가 절벽 위에 세워져 있어 경치가 빼어나답니다. 이 밖에 양양에서 인제로 넘어가는 한계령의 경치가 아름답고, 한계령 밑에 있는 오색 약수와 온천 또한 이름난 관광지예요. 양양은 송이버섯의 산지로도 유명해요. 송이버섯은 전국 생산량의 80%가 양양의 설악산 지역에서 나요.

의상대
의상 대사가 동해를 보며 수련을 한 정자예요. 가파른 절벽 위에 있는 의상대는 그 앞에 탁 트인 동해가 펼쳐져 있어 경치가 빼어나요.

탄광 도시에서 관광지로 탈바꿈하는 태백시

태백시는 해발 고도가 약 800m인 곳에 있는 고원 지대로 사방이 산으로 둘러싸여 있어요. 강원도의 80%가 산지라는 이야기는 들어 보았지요? 그중에서 태백시는 산이 차지하는 비율이 90% 가까이 되는 산지 중의 산지예요.

고원 지대이다 보니 태백은 다른 지역에 비해 여름에 아주 시원해요. 태백은 여름에 서늘한 기후 조건을 이용한 고랭지 농업이 발달했어요. 이곳에서 생산된 배추와 무는 도시 사람들에게 인기가 많답니다.

태백이 유명한 건 남한 최대의 석탄(무연탄) 탄광 때문이에요. 1960년대 이후 연탄의 연료인 석탄 수요가 늘면서, 작은 시골 마을이었던 태백은 우리나라 최대의 탄광 도시로 성장했어요. 그러나 1980년대 중반 들어 각 가정이 연료를 연탄에서 석유나 천연가스로 바꾸면서부터 태백의

> **고랭지 농업**
> 여름철에도 서늘한 기후를 이용하여 농작물을 재배하는 농업을 말해요. 해발 고도가 높은 고원이나 산지에서 배추와 무 등의 채소를 많이 재배해요.

태백산 눈 축제
1995년부터 시작된 태백산 눈 축제는 눈 조각품 전시회는 물론 개썰매 타기, 눈사람 축제 등 다양한 행사가 열려요.

 탄광은 문을 닫았어요. 이로 인해 1970년에 10만 명이 넘던 인구는 차츰 줄어 2013년에는 약 4만 9천 명이 되었어요.

 많은 사람들이 태백을 떠나자 주민들은 태백을 살릴 방법을 생각했어요. 여름철 서늘한 기후와 가까이 위치한 동해안의 해수욕장을 내세워 여름철 피서지로 태백을 알리고 있어요. 또한 체육관과 운동 훈련 시설을 갖추어 여름에 운동선수들이 더위를 피해 훈련할 수 있는 전지 훈련장으로 활용하게 했고요.

 겨울에 눈이 많이 내리는 특성을 살려 해마다 1월에 태백산 일대에서 '태백산 눈 축제'도 열고 있답니다. 이러한 노력으로 텅 빈 탄광촌이었던 태백은 최근에 조금씩 활기를 되찾고 있어요.

강원도의 이모저모

강원도는 높은 산이 이어져 있고, 우리나라의 큰 강인 한강, 낙동강도 시작돼요. 산과 바다를 품은 강원도의 문화유산과 특산물을 알아보아요.

특산물 황태

군사 분계선(휴전선)

면적 가장 작음 (넓이 105㎢)
특산물 오징어젓, 명란젓
산업 수산업, 관광업

철원군
고성군
양구군
화천군
속초시
인제군
양양군

특산물 철원 쌀

특산물 송이버섯
산업 수산업, 관광업

춘천시
강원도청
홍천군
강릉시

산업 수산업, 관광업

평창군
횡성군
동해시

면적 가장 넓음
(넓이 1,819㎢)

원주시
정선군
삼척시
영월군
태백시

특산물 횡성 한우

특산물 감자, 버섯, 고랭지 채소

특산물 정선 곤드레나물, 황기

지하자원 석회석

지하자원 석탄

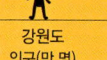

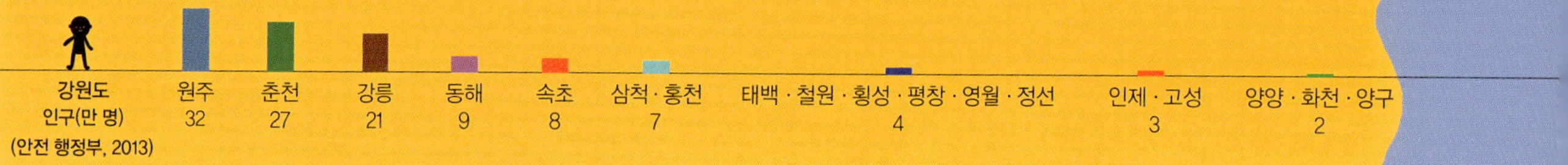

강원도 인구(만 명) (안전 행정부, 2013)

원주	춘천	강릉	동해	속초	삼척·홍천	태백·철원·횡성·평창·영월·정선	인제·고성	양양·화천·양구
32	27	21	9	8	7	4	3	2

산과 바다를 품은 문화유산

오죽헌(보물 제165호)
조선 중종 때 지은 집이에요. 율곡 이이는 어머니인 신사임당과 이곳에서 5살 때까지 살았어요. 집 주위에 검은 대나무가 자라 오죽헌이라고 이름 지었어요.

의상대(강원도 유형 문화재 제48호)
강원도는 산이 높고 물이 맑아 우리나라 고승들이 많이 찾았어요. 의상대는 의상 대사가 낙산사를 지을 당시 머무르면서 참선하던 곳이어서 의상대라는 이름이 붙었어요.

태백산 산신제

태백산 산신령이 되었다는 조선의 단종에게 해마다 지내는 제사예요. 매년 10월에 강원도 태백산 정상의 천제단에서 우리나라의 발전을 기원하는 천제와 함께 열려요.

6 충청도 이야기

오늘날 우리나라에서 가장 빠르게 발전하는 지역이 바로 충청도예요.
수도권과 가까운 충청도는 옛날이나 지금이나 교통의 중심지예요.
이러한 이점 때문에 많은 기업이 충청도에 들어왔고, 사람들도 모여들고 있어요.
옛 백제의 도읍지인 충청도에 어떤 변화가 생기는지 알아보아요.

대산 공업 단지

만리포 해수욕장

태안 해안 국립공원

가야산 678

천수만

온양 온천

독립 기념관

청주 국제공항

오창 과학 산업 단지

충 청 북 도

단양 고수동굴

소백산 1,440

죽령

충주 댐

충주호

중원 고구려비 탄금대

수안보 온천

월악산 1,092

충 청 남 도

무령왕릉 송산리 고분군

세종특별 자치시

청주 고인쇄 박물관

법주사

속리산 1,058

대청 댐

대청호

칠갑산 560

낙화암

부소산성

계룡산 845

대전광역시

대천 해수욕장

논산평야

대둔산 878

민주지산 1,242

황악산 1,111

남한의 허리, 충청도

충청도는 충청북도와 충청남도로 나뉘어요. 충청도라는 도의 이름은 이 지방을 대표하는 충주와 청주의 첫 글자를 따서 지었어요. 먼저 충청북도는 우리나라에서 유일하게 바다와 닿지 않아요. 동서남북 사방이 경상북도, 충청남도, 전라북도, 강원도, 경기도에 둘러싸여 있지요.

충청북도는 남한강의 상류 지역이어서 삼국 시대에는 고구려, 백제, 신라가 서로 차지하려고 했던 곳이에요. 이곳을 차지하면 남한강 물길로 서울의 한강까지 쉽게 오고 갈 수 있었거든요. 충청북도는 높은 산이 많아요. 소백산, 민주지산, 속리산은 모두 1,000m가 넘어요. 충청북도의 대표적인 도시인 청주, 충주, 제천 등은 산으로 둘러싸인 분지에 자리하고 있어요. 속리산 국립공원, 단양의 고수 동굴, 충주의 충주호 등은 이름난 관광지예요.

> 충청북도에서는 충주의 사과, 괴산의 잎담배, 영동의 포도가 유명해요.

속리산 최고봉인 천황봉(1,058m)을 중심으로 1,000m 안팎의 문장대, 입석대, 문수봉 등이 솟아 있어요.

충청남도는 충청북도의 아래쪽이 아닌 왼쪽, 즉 서쪽에 있어요. 공주, 부여, 논산, 천안, 보령, 서산 등은 충청남도를 대표하는 지역이에요.

충청남도의 지형은 평균 고도가 100m 안팎으로 우리나라에서 가장 낮아요. 차령산맥이 충청남도를 비스듬

태안 해안 국립공원 태안반도에서 안면도에 이르는 해안과 섬을 국립공원으로 지정했어요. 바다의 수심이 얕고, 해안가의 모래가 고와서 여름철에 사람들이 많이 찾아요.

충청남도에는 계룡산 국립공원, 태안 해안 국립공원 외에도 대천 해수욕장, 서산의 천수만 철새 도래지도 있어요.

히 지나서 같은 충청남도인데도 산맥 북쪽 지역은 경기도 생활권, 산맥 남쪽은 전라북도 생활권에 속해요. 공주와 부여를 지나 황해로 흘러가는 금강 유역에는 논산평야가 넓게 펼쳐져 있어요. 공주와 대전 사이에는 계룡산이 우뚝 솟아 있지요.

충청남도의 서해안은 해안선의 드나듦이 복잡하고 밀물과 썰물의 차가 커서 갯벌이 발달했어요. 양식장과 염전이 있던 갯벌은 바다를 메우는 간척 사업이 진행되면서 마른 땅으로 바뀌었어요.

충청남도는 다른 어떤 지방보다 발전할 가능성이 커요. 경부 고속 국도, 호남 고속 국도, 서해안 고속 국도는 물론 경부선, 호남선 등의 철도가 지나서 경기도, 전라도, 경상도 지방으로 빠르게 오고 갈 수 있어요.

충청남도의 심장부, 홍성군

충청남도 중서부 끝에 있는 홍성군은 북쪽으로는 서산의 천수만 간척지와 붙어 있어요. 홍성은 조선시대에는 물자가 풍부하여 지방의 중심지였어요. 하지만 지금은 내세울 만한 산업이 거의 없어요. 주민의 대부분은 농사를 짓거나 가까운 황해 앞바다에서 고기잡이를 해요. 주요 농산물은 쌀, 마늘, 배추, 포도, 사과 등이에요.

홍성군에서 가장 알려진 특산물은 '광천 새우젓'이에요. 광천 새우젓은 황해 앞바다에서 잡은 새우에 천일염을 넣어 토굴 속에 저장해서 발효시킨 젓갈이에요. 광천 새우젓은 다른 곳에서 생산되는 새우젓과는 달리 맛이 깊어서 김장 김치에 넣으면 맛있다고 소문이 자자해요. 홍성은 매년 10월에 광천 새우젓 축제를 열어 새우젓을 전국적으로 알리고 있어요. 이때는 겨울 철새도 이웃 서산의 천수만 간척지에 날아와 관광객도 많이 찾아와요.

홍성은 농업과 수산업이 경제를 떠받들고 있지만, 지역 주민들이 고령화되는데다가 젊은이들이 도시로 많이 떠나면서 날로 살림살이가 기울어갔어요. 충청남도는 뒤쳐지는 내륙 지방의 경제를 살리고자 대전광역시에 있던 충청남도의 도청을 홍성으로 옮겼어요.

충청남도는 2012년에 홍성 홍북면에 내포 신도시를 만들고, 충청남도청과 주택을 새로 지었어요. 충청남도청이 옮겨오면서 여러 가지 행정 서비스 시설과 기관도 함께 이전해 와서 홍성의 인구도 조금씩 늘고 상업도 활기를 띠고 있어요.

홍성은 장항선 철도가 지나고 서해안 고속 국도가 이 지역의 서부에 뚫려 있어 수도권은 물론 전라도와도 쉽게 오고 가요.

충청남도청 2012년 홍성군 내포 신도시로 옮겨 왔어요.

충청북도의 심장부, 청주시

청주시는 충청북도를 대표하는 도시예요. 삼국 시대에 신라의 서원경(신라의 5개 행정구역 중 하나)으로 군사적인 요충지였어요. 근대에는 1908년에 충청북도의 도청이 청주시로 옮겨 오면서 성장의 발판을 마련했어요. 1970년대에는 경부 고속 국도가 청주를 지나고 1980년대 후반에는 중부 고속 국도가 뚫려 서울과 더욱 가까운 도시가 되었어요. 1997년에 들어선 청주 국제공항은 국내는 물론 중국과 일본 항공기가 오고 가요. 이렇게 교통이 편리한 청주는 대학이 많은 도시이기도 해요. 교육 환경이 좋아 인구도 많은데, 2013년 기준으로 청주의 인구는 약 66만 명이에요. 청주는 더 큰 발전과 성장을 위해 2014년에 청원군과 통합했어요.

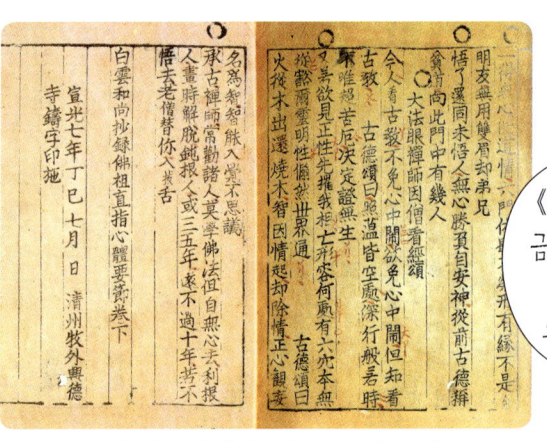

《직지심체요절》 청주의 흥덕사에서 1377년에 금속 활자로 찍어 낸 책이에요.

책이랑 활자들을 한참 봤더니 눈이 아파요.

《직지심체요절》은 금속 활자로 인쇄된 세계에서 가장 오래된 책이래요.

원래 상권과 하권이 있는데, 하권은 조선 시대 말 프랑스 사람이 가져가서 지금은 프랑스 국립 도서관에 보관되어 있단다.

청주의 기후는 여름과 겨울의 기온 차이가 큰 대륙성 기후예요. 연평균 강수량은 1,200㎜ 정도이고 여름에 비가 많이 와요.

청주는 무엇보다 《직지심체요절》을 인쇄한 곳으로 유명해요. 《직지심체요절》은 금속 활자로 인쇄된 세계에서 가장 오래된 책으로, 유네스코에서 세계 기록 유산으로 지정했어요. 《직지심체요절》은 고려 시대에 청주 시내에 있는 흥덕사에서 인쇄한 것으로 알려져 있어요.

청주에는 사람들이 많이 찾는 상당산과 오래된 상당산성이 있어요. 상당산 아래에 있는 초정 약수는 청주의 또 다른 자랑이에요. 조선 시대의 세종과 세조가 병을 고치려고 찾아왔을 정도로 효능이 뛰어나다고 해요.

상당산성 백제의 토성이었던 자리에 조선 시대에 돌로 다시 성을 쌓았어요.

지리 뉴스

오창 과학 산업 단지

오창 과학 산업 단지는 2001년에 청주에 완공되었어요. 이곳에는 전자·전기·정밀 기계·신소재·생명 공학·의료 기기 분야의 첨단 기업들이 입주해 있어요. 오창 과학 산업 단지는 산업에 필요한 조건을 두루 갖추고 있어요. 산업 단지는 교통이 편리하고 전력과 인력을 주변에서 쉽게 공급받고 있지요. 중부 고속 국도가 오창 과학 산업 단지와 바로 이어져 있고, 가까이에 청주 국제공항이 있어요. 또 대청 댐에서는 산업에 필요한 물과 전력을 쉽게 끌어오고 있답니다.

남한강 중류의 관광 도시, 충주시

충주시는 남한강 중류의 넓은 분지에 있는 충청북도 제2의 도시예요. 지리적으로 서울로 흘러드는 물길이 지나고, 경상북도로 넘어가는 곳에 조령이라는 고개가 있어서 삼국 시대부터 군사적으로 무척 중요한 곳이었어요. 삼국 시대에는 물길과 육로가 만나는 요충지였지요.

충주는 남한강이 깊이 땅을 파고 흐르면서 생긴 침식 분지로 여름에는 덥고 겨울에는 추운 대륙성 기후를 보여요. 연평균 강수량은 1,200㎜ 안팎이에요.

충주는 1950년대에 우리나라 최초의 비료 공장이 세워진 곳으로 유명해요. 오늘날에는 담배, 섬유, 화학 공장들도 충주에 있어요. 충주의 산지에는 사과 과수원이 많아 일찍부터 사과 산지로 널리 알려져 있어요. 또 사과 못지않게 잎담배도 밭에서 많이 재배해요.

충주에는 역사 유적지도 많아요. 탄금대는 신라 진흥왕 때 우륵이 가야금을 탄 곳이며, 남한강가에 있는 7층 석탑은 현재 남아 있는 신라의 석탑 중에서 가장 높아요. 이 탑은 신라가 삼국을 통일하고 나라의 중앙에 세워서 '중앙 탑'이라고도 해요. 이 밖에 고구려 장수왕이 세운 중원 고구려비도 있어요. 충주 댐과 충주호는 충주에서 유명한 관광지예요. 충주호에는 충주와 단양을 오가는 유람선이 다녀 인기가 많아요. 또 수안보 온천도 충주에 있어요.

충주호 남한강의 본류를 막아 충주 댐을 만들면서 생긴 호수예요. 충주호에서 단양까지 유람선이 오고 가요.

지리백과

충청북도는 삼국의 분쟁 지역

충청북도는 삼국 시대에 백제, 고구려, 신라가 자주 부딪히며 싸웠던 곳이에요. 이 사실은 중원 고구려비와 단양 적성비를 보면 알 수 있어요. 중원 고구려비는 5세기경 고구려 장수왕이 지금의 충주인 중원 지역까지 진출했다는 것을 보여 주는 비석이에요. 단양 적성비는 6세기경 신라 진흥왕이 한강 유역을 차지하고 단양의 적성 지역을 차지한 뒤 세운 비석이에요. 충주는 예로부터 경상도와 경기도를 이어 주어 중요한 물길이었어요. 그래서 삼국 시대에 백제, 고구려, 신라가 이곳을 서로 차지하려고 전쟁을 벌인 것이랍니다.

철도 교통의 요지, 천안시

우리 민요, '천안 삼거리'를 들어 봤나요? 천안시의 시가지 남쪽에 있는 삼거리는 조선 시대에 한양에서 호남 지방과 영남 지방으로 가는 길이 갈라졌던 지점이에요. 호남 지방으로 가려면 천안에서 공주와 전주 방향으로 나가고, 영남 지방으로 가려면 천안에서 청주를 거쳐 추풍령 너머로 빠진 것이지요.

이렇듯 옛날부터 교통이 중요한 길목에 있다 보니 천안은 근대에 들어서도 영남 지방과 호남 지방으로 가는 철도 교통의 중심지로 발전했어요. 1905년에 경부선 철도, 그 뒤 장항선 철도가 개통되었으며 1970년대에는 경부 고속 국도가 지나게 되었지요.

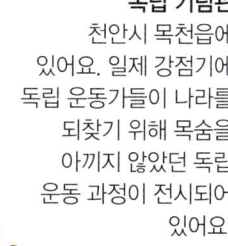

독립 기념관
천안시 목천읍에 있어요. 일제 강점기에 독립 운동가들이 나라를 되찾기 위해 목숨을 아끼지 않았던 독립 운동 과정이 전시되어 있어요.

천안이 본격적으로 발전한 것은 최근에 수도권 전철과 고속 철도가 지나면서부터예요. 수도권 전철과 고속 철도는 충청남도에 있는 천안을 수도권으로 끌어들였어요. 천안과 서울과의 거리가 1시간 안팎으로 줄어들면서 수도권에 있던 전기와 전자, 반도체 기업들이 천안과 아산으로 많이 이전했지요. 덕분에 천안은 10년 전부터 인구가 크게 늘어났답니다.

천안은 작은 저수지가 많고 낮은 구릉지에 과수원이 들어서 배와 포도를 많이 재배해요. 또한 호두나무의 주산지로도 유명해 천안에서 나오는 호두가 전국 생산량의 약 30%를 차지할 정도예요. 고속도로 휴게소에서 만나는 고소한 호두과자는 1930년대부터 천안의 명물이랍니다.

천안은 독립 운동의 고장으로도 널리 알려져 있어요. 천안시 병천면 아우내 장터는 1919년 3·1 운동 때 유관순 열사가 만세를 부른 곳이어서 이와 관련된 유적지가 많아요. 유관순 열사 말고도 천안은 독립 운동가를 많이 배출했어요. 독립 기념관이 천안에 세워진 것도 이와 관련이 있어요.

백제의 혼이 남아 있는
공주시와 부여군

공주시는 충청남도의 한가운데에 있어요. 부여군은 공주시의 남서쪽에 자리하고요. 공주는 1932년에 대전으로 도청이 옮겨 가기 전까지는 충청남도의 도청이 있던 행정 중심지였지요. 하지만 도청이 옮겨간 뒤로는 한적한 농촌이 되었답니다.

공주와 부여 하면 먼저 '백제'가 떠올라요. 백제는 고구려의 공격을 받아 한강 남쪽에 있던 위례성(서울)을 버리고 웅진(공주)으로 왔어요. 이후 다시 사비(부여)로 도읍을 옮겼지요.

공주는 부여와 함께 지정 문화재가 많은 지역이에요. 백제의 유적과 유물 덕분이지요. 그중 공주 송산리 고분군에 있는 무령왕릉이 가장 유명

공주 송산리 고분군
백제의 왕과 왕족들의 무덤으로 무령왕릉을 포함한 7기의 무덤이 모여 있어요.

해요. 무령왕릉은 백제의 다른 왕릉보다 화려한 국보급 유물이 많이 나와서 화제가 되었어요. 공주시는 부여와 함께 해마다 9월에 백제 문화제를 열어 백제 문화를 알리고 있어요.

백제의 마지막 도읍이었던 부여는 금강가에 자리하여 경치가 빼어나고 곳곳에 백제 유적과 유물이 많은 역사 도시예요. 부소산성, 정림사지, 능산리 고분군이 널리 알려져 있어요. 부소산성은 백마강 남쪽의 부소산을 감싸고 쌓은 백제의 도성°이에요.

도성 왕이 사는 도읍지에 있는 성을 말해요.

정림사지는 백제의 정림사라는 절의 옛터로, 지금은 절의 모습이 남아 있지 않아요. 이곳에는 국보로 지정된 정림사지 5층 석탑이 남아 있어요. 부여읍 능산리에는 백제의 왕과 가족의 무덤이 있는 능산리 고분군이 있어요. 이 밖에 3천 궁녀가 떨어져 죽었다는 백마강의 낙화암도 널리 알려져 있어요.

낙화암 백제 의자왕의 궁녀 3천 명이 낙화암에서 백마강으로 떨어졌다고 알려져 있어요.

철새들의 도시, 서산시

해마다 수많은 철새들이 날아와 머무는 천수만을 아시나요? 철새들의 낙원으로 유명한 천수만은 서산시에 있답니다. 서산은 충청남도 서쪽 끝 태안반도에 있어요. 사방으로 예산, 태안, 홍성, 당진에 둘러싸이고, 남쪽과 북쪽은 천수만과 가로림만이 있는 황해와 접해 있어요.

서산의 인구는 2013년 기준으로 약 16만 3천 명이에요. 서산은 충청남도에서 논과 밭이 넓은 편이며, 주민들은 주로 농사를 많이 지어요. 서산은 육쪽마늘과 천수만에서 나는 쌀로 유명해요. 1980년대에 있었던 천수만 간척 사업은 당시로서는 규모가 가장 큰 간척 사업이었어요. 천수만은 간척 사업으로 갯벌이 논으로 바뀌어 오늘날 많은 쌀을 생산한답니다. 이곳에서는 해마다 겨울이면 수십만 마리의 철새를 가까이서 볼 수 있는 세계 철새 기행전 축제가 벌어져요.

서산은 오래전부터 태안반도의 중심 도시임에도 교통이 발달하지 못해 경제가 뒤떨어져 있었어요. 그러다 1980년대 천수만 일대가 간척 사업으로 농지로 변하고, 1990년대에 중국과의 무역이 늘어나면서 주목받기 시작했어요. 이때부터 서해안 고속 국도를 비롯해 서울과 지방을 연결하는 도로가 생겼어요. 또한 공업 단지가 들어

대호 방조제 서산시는 갯벌을 농지로 만들기 위해 대호 방조제를 만들었어요. 대호 방조제는 바다를 막고 농사에 필요한 물도 공급해 주어요.

천수만의 철새 약 10만 마리의 가창오리 떼가 일제히 하늘로 날아오르면 곧 군무가 펼쳐져요. 10만 마리의 가창오리는 마치 커다란 용처럼 하늘을 이리저리 날아다녀요.

와~ 멋있어! 내년에 또 와요.

가창오리들이 일제히 먹이를 찾아 날아오르는 장면은 쉽게 볼 수 없지!

서면서 경제에 활기를 찾기 시작했지요. 이곳의 대산 공업 단지는 울산과 여수에 이은 우리나라 제3의 석유 화학 공업 단지예요.

지리 뉴스
석유 화학 공업을 이끄는 대산 공업 단지

충청남도의 아산만 일대는 중국과 지리적으로 가까워 일찍부터 공업 단지가 많이 생겼어요. 전라남도 여수에 크게 자리한 석유 화학 단지가 서산에도 생기면서 우리나라에서 석유 화학 제품 생산량이 크게 늘어났어요. 사우디아라비아와 바레인에서 원료를 공급받아 완성된 석유 화학 제품은 중국, 홍콩, 대만, 필리핀, 인도네시아, 미국에 수출하고 있어요.

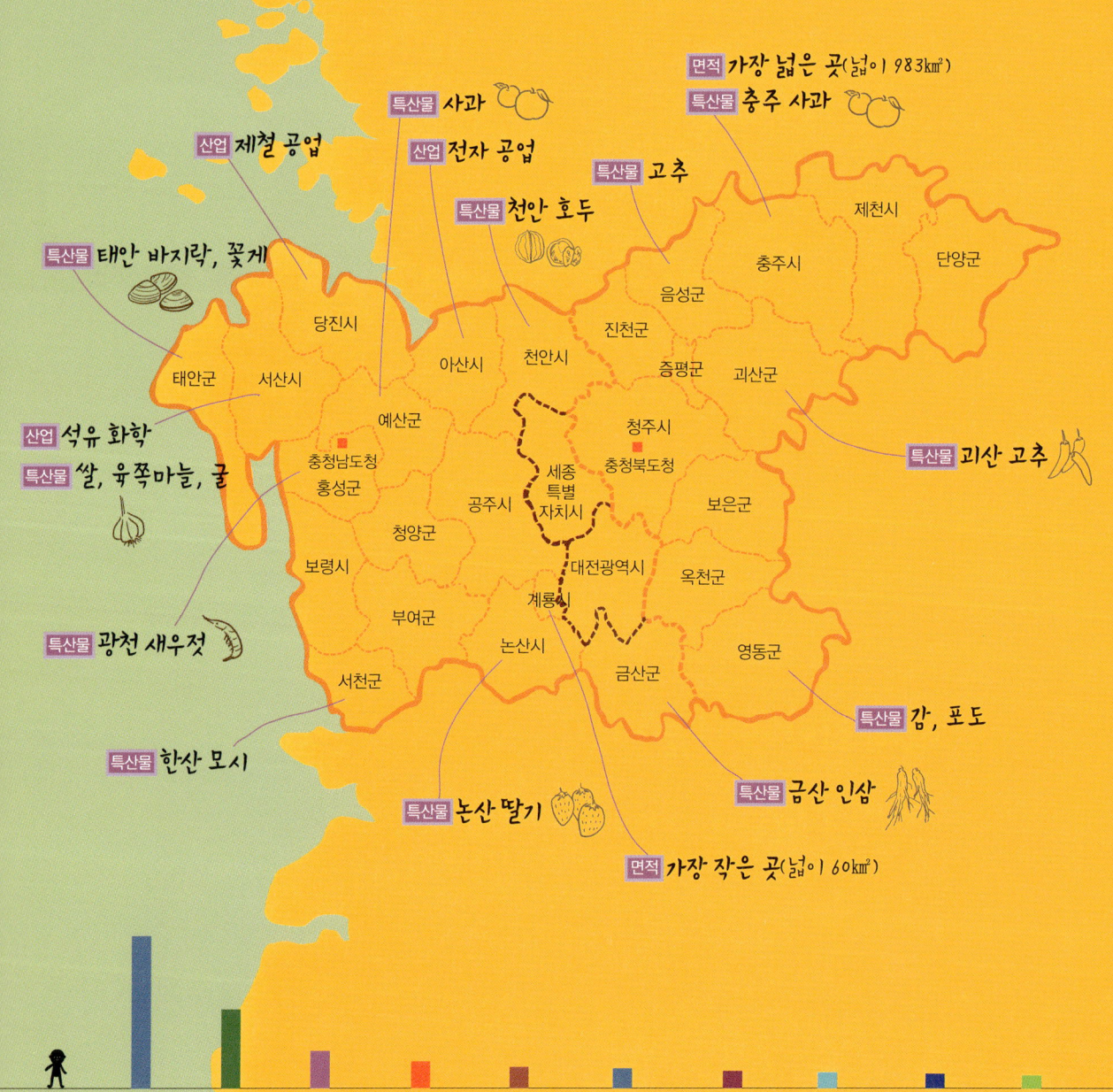

백제 문화가 숨 쉬는 문화유산

무령왕 금제 관식(국보 제154호)
금제 장식품이 마치 불꽃이 타오르는 것처럼 생겼어요. 이 금제 관식은 무령왕의 관에 꽂았던 장식품이에요. 백제 무령왕은 한강을 고구려에 빼앗기고 혼란에 빠져 있던 백성을 안정시킨 뒤 공주(웅진)로 도읍을 옮긴 왕이에요.

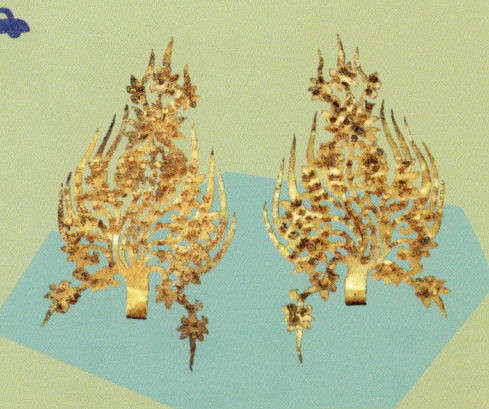

부소산성(사적 제5호)
백마강 남쪽 부소산을 감싸고 쌓은 토성이에요. 백제가 멸망할 때까지 수도를 방어한 곳으로 알려져 있어요. 백제 성왕은 왕궁을 적으로부터 지키기 위하여 성벽을 이중으로 쌓았어요. 성 안에는 영일루, 사비루, 고란사, 낙화암 등이 있어요.

백제 문화제

공주, 부여, 논산에서는 해마다 백제 문화제가 열려요. 백제의 세련된 문화를 어떻게 일본에 전해 주고, 일본은 이것을 어떻게 발전시켜 나갔는지 다양한 행사를 통해 보여 주고 있답니다.

음성	홍성·예산	부여	진천·태안	옥천·영동·서천·금산	계룡	괴산·증평·보은·단양·청양
9	8	7	6	5	4	3

7 전라도 이야기

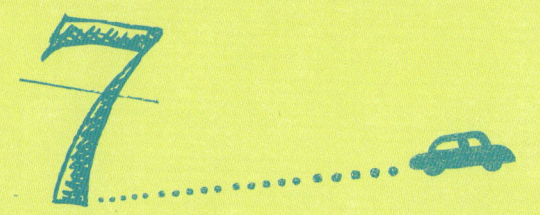

전라도는 예로부터 우리나라에서 쌀 생산량이 가장 많은 곳이에요.
오늘날에는 농업뿐만 아니라 중화학 공업도 크게 발달했지요.
최근에 전라도는 중국과의 교역이 늘어나면서 새롭게 조명 받고 있어요.
활기를 띠고 있는 전라도의 이곳저곳을 찾아 떠나 보아요.

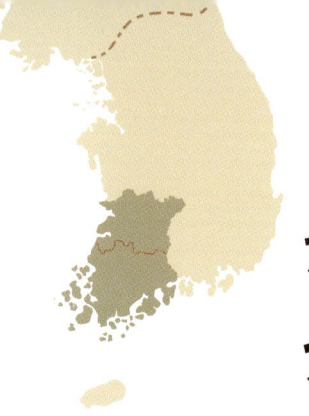

제1의 곡창 지대, 전라도

　전라도는 전라남도와 전라북도로 나뉘어요. 전라도라는 지명은 전주와 나주의 머리글자를 따서 만들었어요. 예로부터 전라도는 호남 지방이라고 불렀어요. 호남이라는 말뜻은 '호수 남쪽'을 말하는데, 전라북도와 충청남도의 경계인 금강의 남쪽이라고도 하고, 김제에 있는 저수지 벽골제의 남쪽 지방을 뜻한다고도 해요.

　전라북도는 노령산맥을 경계로 서쪽의 평야 지대와 동쪽의 산간 지대로 나뉘어요. 서쪽 평야 지대에는 호남평야가, 동쪽 산간 지대에는 진안고원이 있어요. 전라북도의 인구는 2013년 기준으로 약 187만 3천 명이에요. 전라북도는 일자리를 찾아 도시로 떠나는 사람이 많아서 해마다 인구가 줄어들고 있어요. 전라북도의 대표적인 도시는 전주, 군산, 익산이에요. 세 도시의 인구가 전라북도 전체 인구의 약 60%를 차지해요.

　전라북도는 논의 비율이 전국에서 가장 높아요. 이곳의 호남평야는 우리나라 제1의 곡창 지대로 간척 사업을 통해 꾸준히 넓혀 왔어요.

　전라남도는 우리나라 남서부 끝에 있어요. 전라남도의 인구는 2013년 기준으로 약 190만 9천 명이에요. 전라남도는 농업, 수산업, 공업이 골고루 발달했어요. 여수와 광양은 우리나라의 중화학 공업을 이끌어 왔어요. 전라남도 주민들은 농사와 고기잡이 또는 염전을 일구며 살아왔어요. 오늘날 전라남도는 슬로시티 운동으로 전통적인 농업과 수산업을 더

욱더 살려 오염 없이 깨끗한 생태 도시를 만들기 위해 노력하고 있어요. 슬로시티는 빠른 개발보다는 느리더라도 지역의 전통적인 생업과 자연을 보전하면서 천천히 발전하자는 운동이에요. 전라남도에서는 순천, 신안, 담양이 이러한 슬로시티 운동을 펼치고 있어요.

아빠, 전라도는 평야가 넓어서 벼농사를 많이 하는 곳이죠? 저는 전라도 하면 농업 외에 떠오르는 산업이 없어요.

전라도가 우리나라 최대의 벼농사 지역이긴 하지. 최근에 전라도는 빠르게 발전하는 산업보다는 느리더라도 자연과 인간이 더불어 살아가는 곳으로 만들고 있단다.

순천만 전라남도의 여수반도와 고흥반도 사이에 있어요. 갯벌에는 낙지와 꼬막이 많이 나서 주민들의 소득에 도움을 주고 있어요. 가을이면 순천만은 온통 갈대밭으로 덮여요. 이곳에서는 세계적으로 멸종 위기에 처한 흑두루미도 볼 수 있어요.

전통문화의 고장, 전주시

전주시는 전라북도의 중앙에 있어요. 전주는 전라북도의 행정, 교육, 문화를 담당하고 있으며, 전통문화가 잘 보전된 도시예요.

전주는 조선 시대에 호남평야에서 생산된 곡식이 모이는 중심지였어요. 그래서 한양 다음으로 물자가 풍부했지요. 당시 전주의 가옥 수는 한양, 평양에 이어 3번째이고, 인구는 한양, 평양, 의주, 충주에 이어 5번째로 많았어요. 오늘날 전주의 인구는 2013년 기준으로 약 64만 8천 명으로 전라북도에서 인구가 가장 많아요.

전주는 부채와 한지 등 전통 공예품 생산지로 유명해요. 전통 부채인 합죽선은 옛날에 양반들이 사용하던 부채였어요. 전주 한지는 질이 좋아 조선 시대에는 왕실에 바쳤답니다.

전주는 조선의 태조 이성계의 고향으로 경기전과 오목대처럼 이와 관련된 유적도 많아요. 경기전은 이성계의 영정이 있는 사당이에요. 오목대는 황산에서 왜구를 물리치고 개경으로 돌아가던 이성계가 승전 잔치를 벌였던 언덕이에요.

또한 조선 시대 문루 건축 양식이 잘 보존된 전주성의 풍남문, 전통 기와집 8백여 채가 모여 있는 교동의 한옥 보존 지구 등은 조선 시대의 문화를 잘 간직하고 있어요. 이 밖에 전주에서는 판소리와 농악 등 전통 민속 예술을 겨루는 전주 대사습놀이가 해마다 열려요.

전주 하면 떠오르는 음식도 있는데요. 바로 30여 가지나 되는 재료에 고추장과 고소한 참기름을 넣어 비벼 먹는 전주 비빔밥이에요.

풍남문(보물 제308호) 전주 읍성의 남쪽 문이에요. 조선 시대 임진왜란 때 파괴되었다가 1734년 영조의 명으로 다시 지었어요.

서해안 시대의 핵심 도시, 군산시

군산시는 전라북도 북서부 금강 하구에 있는 항구 도시예요. 금강을 사이에 두고 충청남도 장항과 마주 보고 있어요. 일제 강점기에 군산은 우리나라의 쌀을 일본으로 실어 내던 항구 도시로 배들이 쉴 틈 없이 오고 갔어요. 그러나 8·15 광복 후에 부산항과 인천항이 빠르게 성장하는 바람에 군산은 배들이 줄어들어 쇠퇴하기 시작했어요.

1980년대 들어 군산항에 현대식 부두 시설을 갖춘 외항이 건설되고, 그 주변에 공업 단지가 생기자 군산의 일자리는 크게 늘어났어요. 또 1990년대부터 군산은 중국, 러시아와의 무역이 늘어나면서 도시가 활기를 띠기 시작했지요. 군산항에서는 자동차, 석유, 시멘트 등을 중국과 러시아로 실어 나르는 배가 많이 오고 가요.

군산은 농경지가 전체 땅 면적의 30%나 차지할 만큼 넓어요. 군산 앞바다에서는 새우와 홍어 등이 잡히며, 해안과 섬 지역에서 조개류, 미역, 김 등의 양식업이 활발해요. 군산에는 고군산 군도를 비롯해 선유도, 신시도, 무녀도 등 경치가 아름다운 섬이 많아요. 이 밖에도 금강하굿둑에는 겨울 철새를 보려는 관광객이 많이 찾아요.

군산 앞바다를 메우는 새만금 간척 사업은 첨단 산업이 들어오고, 농경지가 조성되면서 군산의 경제를 크게 끌어올릴 것으로 기대하고 있어요. 새만금 간척지는 현재 내부 간척지가 조성되고 있어요.

군산항 1900년대 초의 군산은 한반도에서 가장 빠르게 성장한 도시였어요. 일제는 조선의 쌀과 자원을 수탈해가는 창구로 군산을 선택하고 철도와 항만 등을 놓았어요.

호남 최대의 쌀 생산지, 김제시

 산이 많은 우리나라에서 지평선을 바라볼 수 있다면 그곳이 어디일까요? 바로 전라북도 김제시에 있는 호남평야랍니다. 김제는 바다의 영향으로 내륙 지방에 비해 겨울이 따뜻하고 강수량이 풍부해요. 김제에는 삼국 시대에 우리나라 최초로 만들어진 벽골제라는 저수지가 있어요. 최초의 저수지가 있다는 것은 김제가 삼국 시대부터 농사가 활발했던 호남평야의 중심지였다는 것을 알려주지요. 김제는 옛날에 벽골군으로 불렸는데, 벽골은 '벼의 고을'이라는 뜻이에요.

 지금도 호남평야는 우리나라 제1의 곡창 지대로 불려요. 만경강과 동

호남평야
우리나라에서는 드물게 지평선이 보일 정도로 논이 펼쳐져 있어요.

신강 하구 그리고 계화도 일대의 갯벌은 대규모 간척 사업을 통해 농경지가 되었어요. 특히 김제시 광활면은 면 지역 전체가 간척지로, 이름처럼 광활한 농지가 끝없이 펼쳐져 있어 지평선을 바라볼 수 있는 곳이랍니다. 김제에서는 드넓은 호남평야의 벼농사와 최초의 저수지인 벽골제의 의미를 되새기고자 해마다 가을에 김제 지평선 축제를 열어요.

또한 김제는 호남선 철도와 호남 고속 국도, 고속 철도, 전주·익산·군산을 잇는 전라북도의 주축 도로가 지나는 등 전라북도 교통의 중심지이기도 해요.

지리 뉴스

김제의 지역 브랜드, 지평선쌀

호남평야의 중심에 있는 김제는 우리나라에서 쌀을 가장 많이 생산해요. 김제는 '지평선쌀'이라는 브랜드로 쌀을 홍보하고 있어요. 지평선쌀로 지은 밥은 기름지고 맛이 구수해 한번 먹어 본 사람들은 또 찾는다고 해요. 김제는 쌀뿐만 아니라 쌀보리도 많이 생산해요.

전라남도의 도청이 있는 무안군

무안군은 전라남도 서부에 있어요. 무안은 무안반도를 비롯해 망운반도, 해제반도를 비롯해 20여 개의 섬으로 이루어져 있어요. 무안 주민은 대부분 농사와 고기잡이를 하면서 살아가고 있어요. 1981년에 영산강 하굿둑이 완공되면서 영산호가 생기고 농업용수도 풍부해졌어요. 또한 서해안 갯벌은 농경지로 바뀌었고요. 무안은 쌀, 마늘, 양파가 많이 나는데, 특히 양파는 전국 생산량의 약 20%를 차지해요. 서해안 갯벌에서는 바지락을 캐거나 세발낙지를 잡고, 황해 앞바다의 섬에서는 소금을 생산해요.

무안은 농업과 수산업 외에는 발달한 공업이 거의 없어요. 그래서 무안의 살림살이는 늘 쪼들리고 일자리가 부족했어요. 무안의 젊은이들은 나날이 도시로 빠져나갔어요. 교육과 문화 시설이 부족한 것도 젊은이들이 무안을 떠나게 하는 데 한몫했어요.

무안과 전라남도에서는 지역 경제를 살리고자 많은 노력을 기울였어요. 전라남도에서는 낙후된 무안을 발전시키기 위한 방법을 생각해 냈어요. 2005년에 광주광역시에 있던 전라남도의 도청을 무안으로 이전했어요. 2007년에는 지역에 활기를 불어넣기 위해 무안 국제공항을 완공했어요. 무안에서도 그냥 손 놓고 기다리지만은 않았어요. 무안은 도시에서 농사를 짓겠다고 내려온 귀농인을 적극 유치하고 있답니다.

전라남도청 2005년에 광주광역시에서 무안으로 옮겨왔어요.

무안 갯벌 무안 해안은 갯벌이 발달해 있어요. 갯벌에서는 짱뚱어와 세발낙지가 많이 잡혀요.

느림으로 앞서가는 신안군

　전라남도 남부에 있는 신안군은 무안반도의 일부와 다도해에 있는 800여 개의 섬으로 이루어져 있어요. 앞바다에는 암태도, 비금도, 도초도, 임자도, 대흑산도, 증도, 홍도 등 이름만 들으면 금방 알 수 있는 섬이 흩어져 있어요. 이곳 섬들은 우리나라 전체 섬의 약 25%를 차지해요. 섬과 바다가 어우러진 신안 앞바다는 빼어난 경치를 자랑해 다도해 해상 국립공원으로 지정되어 있어요.

　신안은 천일염으로 유명한데, 이곳의 천일염은 전국 생산량의 약 절반을 차지해요. 신안은 어업 외에는 특별하게 발달한 산업이 없지만 혜택 받은 자연환경으로 주목받고 있어요. 이에 신안은 전통적인 산업을 통해 지역 경제를 살리려고 노력하고 있어요. 그 가운데 하나가 '슬로시티 운동'이에요.

　슬로시티는 지역의 고유한 산업을 살리고 전통문화를 보전하는 도시를 말해요. 오늘날 빠르게 산업화되고 있는 공업 도시와 대비되는 도시이지요. 신안은 예로부터 천일염을 만들고 갯벌에서 터전을 일구고 살았던 어민들의 생활을 슬로시티에 적용했어요. 슬로시티 운동을 펼치면서 후미진 섬들의 고장 신안은 우리나라 곳곳에 조금씩 알려지기 시작했어요. 신안의 섬을 찾는 관광객도 날로 늘어났지요. 도시에서 바쁘게 살아가던 관광객은 신안의 자연과 함께하면서 살아갈 힘을 다시 얻어요.

엄마, 신안 앞바다는 다도해 해상 국립 공원이죠?

그래. 앞바다에 작은 섬들이 올망졸망 있단다. 염전도 많아.

다도해 해상 국립공원 전라남도 신안군, 진도군, 완도군, 고흥군, 여수시 앞바다와 여러 섬을 국립공원으로 지정했어요. 이곳의 홍도, 흑산도, 거문도, 완도, 백도는 바다와 어우러져 아름다워요.

지리 백과

슬로시티란?

1999년에 이탈리아 4개 중소 도시의 시장들이 모여 슬로시티 운동을 시작했어요. 슬로시티 운동은 현대인들이 빠르게 발전하는 산업화에 맞춰 생활하면서 정작 자기 자신을 잃고 생활하는 것에 반대하는 운동이에요.

슬로시티는 자기 자신을 찾기 위해 느리게 살아가자는 캠페인을 벌이고 있어요. 빠르게 조리된 패스트푸드는 먹지 말고 지역에서 재배한 식재료로 느리게 만든 슬로푸드를 먹고, 전통적으로 내려오는 일을 하며 건강하게 살아가자고 하고 있지요. 우리나라에 슬로시티 운동이 소개된 것은 2008년이에요.

신안은 오래전부터 갯벌과 햇볕, 바람이라는 자연환경을 이용해 천일염을 생산하고 있어요.

석유 화학 도시, 여수시

여수시는 전라남도 남해안 여수반도 남쪽 끝에 있는 도시예요. 조선 시대에는 군사적인 요충지로 좌수영(전라도와 경상도 수군의 주진)이 있었어요. 여수반도는 동쪽에 광양만, 서쪽에 순천만, 그리고 남쪽에 여수만을 끼고 있는데, 그 모양이 게가 집게발을 벌린 것처럼 생겼어요.

여수는 부산을 비롯해 남해의 여러 섬을 이어 주는 바다 교통의 요지예요. 전라선 철도가 마지막으로 도착하는 곳으로, 서울 용산에서 여수까지는 KTX 고속 열차도 다녀요. 2012년에는 세계 박람회(엑스포)가 이곳 여수에서 열렸답니다.

여수는 연평균 기온이 14.3℃, 1월 평균 기온이 2.2℃로 겨울에도 따뜻

여수 석유 화학 단지
국내 최고의 정유, 에너지와 같은 석유 화학 기업이 들어와 있으며, 관련 기업만 해도 200여 개가 넘어요.

한 편이에요. 특히 겨울에도 따뜻해 동백나무, 사철나무 같은 난대성 식물이 잘 자라요. 연평균 강수량은 1,430㎜로 비가 많이 와요.

여수의 인구는 2013년 기준으로 약 29만 2천 명으로 전라남도에서 가장 많아요. 여수에는 공업과 관광 산업이 발달해 일자리가 많거든요. 여수는 석유 화학 공업과 비료 공업이 발달했어요. 여수 석유 화학 단지는 우리나라의 전형적인 임해 공업 단지예요. 여수 석유 화학 단지는 원료의 대부분을 외국에서 배로 수입해요. 이 때문에 여수항 가까운 곳에 화학 단지가 세워졌어요.

여수는 다도해 해상 국립공원의 동쪽 끝 지점이자 한려 해상 국립공원의 서쪽 시작 지점으로 경치가 매우 아름다워요. 특히 동백꽃 축제로 유명한 오동도는 대나무와 난대성 식물이 무성하고 철새가 많이 찾아오는 여수의 대표적인 관광지랍니다.

제철 공업 도시, 광양시

광양시는 전라남도 남동부에 있어요. 동쪽은 섬진강을 경계로 경상남도 하동군과 마주 보고 있지요. 광양은 지리산과 백운산이 북서 계절풍을 막아 줄 뿐만 아니라, 남해의 난류 영향을 받아 겨울에도 따뜻해요. 전국에서 햇빛이 비치는 양이 가장 많아 농업도 활발해요. 특히 5~7월에는 주렁주렁 열린 매실을 따서 전국에 팔아요. 광양은 연평균 기온은 14℃ 안팎이고, 연평균 강수량은 1,400㎜ 정도로 비가 많이 와요.

광양의 인구는 2013년 기준으로 약 15만 명이에요. 오늘날 광양은 포항과 함께 세계적인 제철 도시로 성장하고 있어요. 광양은 바닷가에 가까이 있어 원료를 수입하고, 완제품을 수출하는 데 유리해 제철소가 들어서기에 좋은 조건을 갖추고 있어요. 광양 종합 제철소는 광양만 간척지에 대규모 항만과 함께 건설됐어요. 이곳에서는 자동차 강판과 후판, 조선, 철강, 기계 관련된 철판을 생산해 전 세계에 공급해요.

광양항은 수심이 깊고, 근처의 작은 섬들이 천연 방파제 역할을 해요. 이 때문에 커다란 배 16척을 동시에 댈 수 있는 것은 물론 30만 톤급의 대형 선박까지 들어오고 나갈 수 있지요. 또한 광양시 주변에 입지한 정유, 화학 공업 단지에서 필요한 원료가 광양항을 통해 들어와 주변 도시의 살림살이에도 많은 도움을 주고 있어요.

광양항은 2002년에 자유 무역 항구로 지정되었어요. 2003년에는 인천, 부산과 함께 경제 자유 구역으로 지정되어 한 단계 더 발전할 수 있는 발판을 마련했어요. 외국 기업은 경제 자유 구역 안에서 다른 지역에 비해 여러 가지 세금을 적게 내고 정부의 지원을 많이 받기 때문에 더욱 자유롭고 편하게 투자할 수 있답니다. 광양은 경제 자유 구역이 된 것을 기회로 삼아 동북아시아의 주요한 항구 도시로 발돋움하고 있어요.

광양 매화 마을 2~3월까지 매화 꽃이 활짝 펴요. 매실은 5~7월에 수확해요. 광양은 구례와 함께 주요 매실 생산지예요.

광양에서 가장 유명한 것은 매실이야. 광양에는 매화 마을도 있대.

광양 제철소 전라남도 광양만 앞바다를 메워서 만들었어요. 연간 1800만 톤의 철강을 생산해요.

광양 하면 제철소야. 우리나라에서 포항 제철소 다음으로 큰 제철소라고.

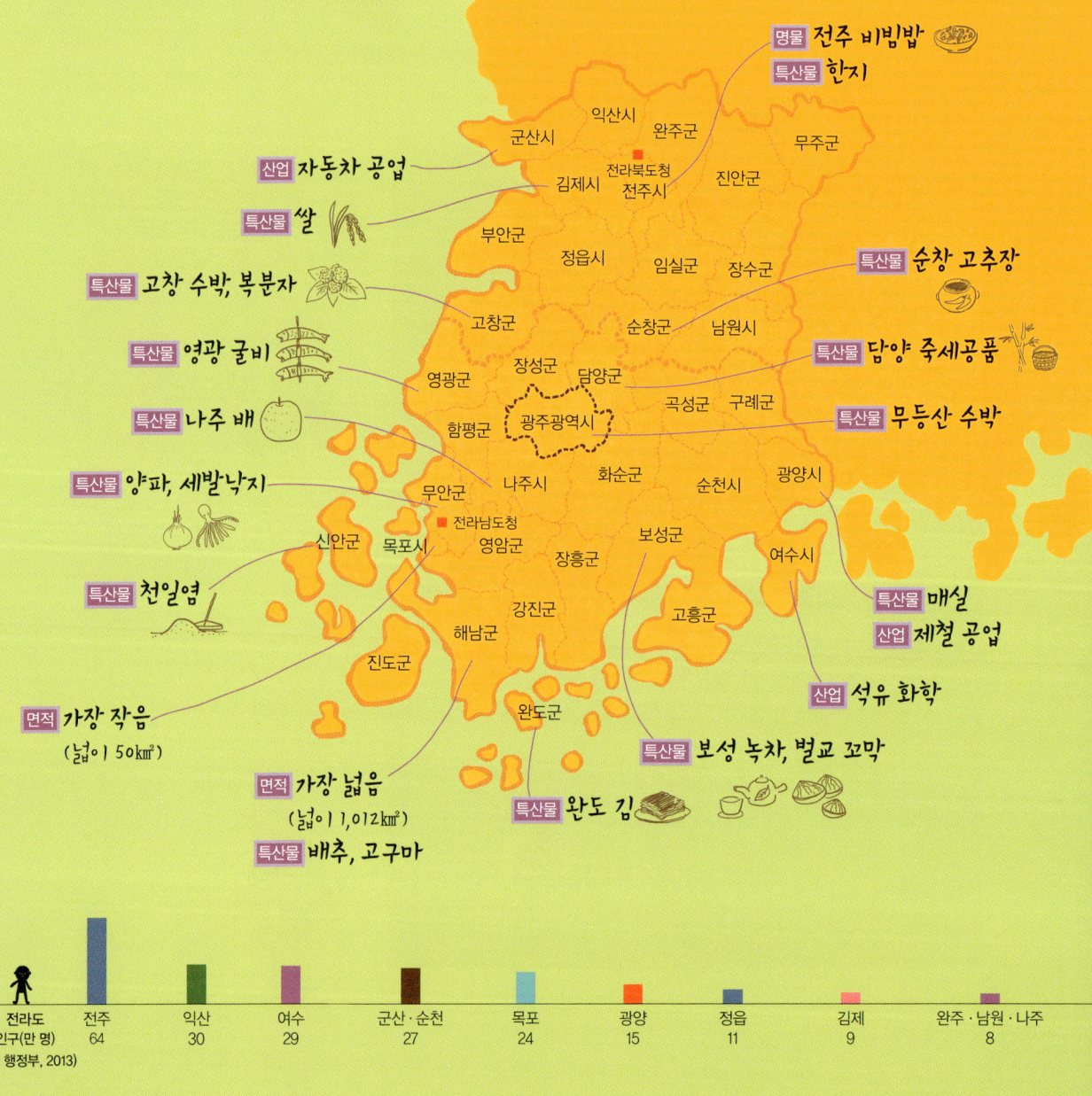

농업과 문학이 함께하는 문화유산

벽골제(사적 제111호)
우리나라에서 처음으로 만든 저수지예요. 백제 비류왕 때 만든 것으로 추정하고 있어요. 벽골제는 당시의 발달된 토목 기술을 보여 주고 있어요.

세연정(명승 제34호)
조선 중기 때 시인인 고산 윤선도가 전라남도 완도군 보길도에 세운 정자예요. 윤선도는 보길도에 들렀다가 이곳의 경치에 취해 집과 정원을 자연과 조화롭게 꾸몄어요. 윤선도는 13년 동안 이곳에서 글과 마음을 다듬으며, 〈어부사시사〉와 같은 훌륭한 시를 남겼어요.

지평선 축제

김제는 벼가 누렇게 익어갈 무렵인 10월 초에 지평선 축제가 열려요. 벼고을 미니 아궁이 쌀밥 체험, 탈곡 체험 등을 통해 호남 지방의 농사 문화를 이해하고, 더불어 직접 농사를 체험할 수 있는 놀이도 하면서 재미있는 추억을 만들어요.

8 경상도 이야기

경상북도와 경상남도로 나뉘어 있는 경상도는
신라 천 년의 역사가 깃든 도시와 유교 문화가 잘 보전된 고장이 많아요.
이뿐만 아니라 경상도는 우리나라의 중화학 공업을 이끌고 있어요.
전통을 간직하면서도 다양한 산업이 발달한 경상도에 대해 알아보아요.

전통을 간직한 가운데 공업이 발달한 경상도

예로부터 영남 지방이라고 불렀던 경상도는 경상북도와 경상남도로 나뉘어요. 영남이라는 말은 '조령 남쪽'이라는 뜻으로 조령은 경상도와 충청도 사이에 있는 고개예요. 경상도라는 지명은 경주와 상주의 첫 글자를 따서 이름 지었어요.

경상북도의 내륙 지역은 연평균 강수량이 1,000㎜ 정도로, 남한에서 강수량이 가장 적고 여름에는 햇빛이 강해요. 그래서 이곳에서 재배한 사과, 복숭아, 포도 등은 빛깔이 곱고 맛이 달아요. 하지만 바다로 둘러싸인 울릉도는 겨울철에 눈이 많이 내려 연평균 강수량이 1,380㎜를 넘어요.

경주 양동 마을
조선 시대에 양반들이 거주했던 마을이에요. 오랜 역사를 지닌 집들이 잘 보전되어 있어요.

경주 양동 마을은 유교 문화가 잘 보존되어 있어.

경상북도는 남한에 있는 도 가운데 가장 넓으며, 인구는 2013년 기준으로 약 269만 8천 명이에요. 예로부터 유교를 공부하는 선비들이 많이 살았던 경상북도는 전통문화가 잘 보존되어 있어요. 안동과 영주에는 조선 시대 양반들이 거주했던 마을이 고스란히 남아 있고, 유교와 관련된 문화와 풍속이 지금까지 전해 내려오고 있어요. 또 신라의 수도였던 경주는 신라의 문화유산이 가장 많아요.

경상북도는 공업도 발달했는데, 포항은 울산, 부산과 함께 우리나라의 남동 임해 공업 단지를 대표할 만큼 중화학 공업이 발달했어요. 경상북도를 가로지르며 흐르는 낙동강은 경상북도 지역에 생활용수와 농업용수 등을 제공하는 생명의 젖줄이에요. 경상북도의 도청은 대구광역시에 있는데, 2015년 이후 안동으로 옮길 예정이에요.

경상남도는 한반도의 남쪽에 있는데다가 동쪽과 남쪽이 바다에 접해 있기 때문에 날씨가 따뜻하고 연교차가 작아요. 인구는 2013년 기준으로 약 331만 9천 명으로 도 가운데에서는 경기도 다음으로 많아요.

경상남도는 공업과 수산업이 발달했어요. 거제와 창원은 우리나라의 중화학 공업을 이끌고 있어요. 통영과 거제에서는 굴 양식과 고기잡이를 많이 해요. 앞바다는 바다와 섬이 어우러져 멋진 경치를 선사해요. 한려 해상 국립공원으로 지정된 앞바다는 관광객들이 일 년 내내 끊이지 않아요. 경상남도의 도청은 창원시에 있어요.

거제도에는 커다란 조선소가 모여 있어. 이곳에서는 전 세계에서 큰 선박을 주문받아 생산하고 있지.

거제 옥포 조선소 거제도 옥포만에 있으며, 유조선과 무역선 같은 큰 배를 만들어요.

전통문화가 살아 숨 쉬는 안동시

경상북도 북부 중앙에 있는 안동은 하회 마을로 유명해요. 안동은 조선 시대의 건물과 민속 공예품이 잘 보전되어 있어요. 조선 시대의 퇴계 이황을 비롯한 많은 유학자가 나온 곳도 안동이에요. 안동은 유교 문화가 뿌리 깊은 곳으로, 전통문화가 잘 보전되어 있어요.

하회 마을은 풍산 류씨의 씨족 마을로, 낙동강 물줄기가 S자 모양으로 마을을 싸고돌며 빼어난 경치를 자랑해요. 하회 마을은 전통 유교 문화유산이 잘 보전되어, 마을 자체가 중요 민속자료 제122호로 지정되어 있어요. 2010년에는 유네스코 세계 문화유산으로 지정되었어요.

사방이 200~300m 높이의 산지로 둘러싸인 분지인 안동은 여름과 겨울의 기온 차이가 많이 나요. 연평균 기온은 13℃, 연평균 강수량은 1,060㎜로 비는 적게 오는 편이에요. 안동은 경상도에서 가장 넓지만 인구는 2013년 기준으로 약 16만 8천 명이 살아요.

안동에 가면 수백 년 된 옛날 집에 머물며 조선 시대의 전통과 문화를 체험할 수 있어요. 또 특산물인 안동 간고등어도 맛볼 수 있어요. 안동 간고등어는 옛날에 영덕 앞바다에서 잡은 고등어를 상하지 않게 안동까지 가져오려고 소금으로 적당히 간을 하면서 생겨난 음식이에요. 간고

양반탈 하회 별신굿 탈놀이에 쓰는 하회탈 가운데 하나예요. 양반탈, 할미탈 등을 비롯해 10가지가 있어요.

등어는 바다와 해산물을 구경하기 힘들었던 안동의 귀한 음식이었어요.

안동에는 하회 마을 외에도 봉정사 극락전, 하회 별신굿 탈놀이, 도산 서원, 안동 댐, 임하 댐 같은 관광·문화 자원이 풍부해 해마다 수많은 관광객이 찾는답니다.

안동 하회 마을 낙동강 줄기가 마을을 휘감고 흐르고, 산이 뒤에 있는 배산임수 지형이에요.

하회 별신굿 탈놀이 중요무형문화재 제69호예요. 안동 하회 마을의 마을 제사 때마다 하던 가면극이에요.

신라의 도읍, 경주시

경주시는 경상북도 남동부에 있어요. 천 년 가까이 신라의 수도였던 경주는 수많은 신라의 유물과 유적이 남아 있어 도시 전체가 하나의 박물관이에요. 경주의 인구는 2013년 기준으로 약 26만 4천 명인데, 관광 도시답게 절반이 넘는 인구가 관광과 서비스업에서 일한답니다.

경주가 문화·관광 도시로 발전한 건 1968년에 국립공원으로 지정되면서부터예요. 이때부터 본격적으로 신라의 여러 고분을 발굴하고, 왕과 귀족의 유원지였던 안압지를 정비했으며, 황룡사 터를 발굴해 신라의 옛 도읍의 모습을 되살리기 시작했어요. 유네스코는 천 년의 역사가 고스란히 담긴 경주를 1979년에 세계 10대 유적지의 하나로 선정했고, 2000년에 세계 문화유산으로 지정했어요.

경주가 자랑하는 문화유산으로는 에밀레종이라고 불리는 성덕 대왕 신종, 천마총을 비롯한 여러 왕릉이 모인 대릉원, 동양 최대의 절이었던 황룡사의 터, 신라의 천문 과학 수준을 알려 주는 첨성대, 불국사와 석굴암이 있어요. 또한 세계에서 유일하게 바다에 있는 왕릉인 문무 대왕릉이 있지요.

첨성대 선덕 여왕 때 지은 천문 관측대예요. 별을 관측해 일 년 동안의 농사와 나랏일을 계획했어요.

우아, 뭔 무덤이 이렇게 커.

무덤의 크기는 무덤 주인의 권위와 권력의 크기를 말하는 거라고! 가장 큰 무덤이 왕의 무덤이란 말이지!

▶ **대릉원**
대릉원이란 이름은 "미추왕을 대릉에 장사지냈다."는 《삼국사기》의 기록에서 따온 것이에요. 무덤 가운데 미추왕릉, 천마총, 황남대총이 유명해요.

　경주의 신라 문화유산은 천 년에 가까운 역사만큼 수많은 이야기를 품고 있어요. 불국사는 김대성이 부모의 은혜에 보답하려고 지었어요. 문무 대왕릉은 문무왕이 죽어서도 동해에서 도둑질하는 왜구에 맞서 바다를 지키겠다고 하여 바다에 만든 무덤이에요.
　한편 경주의 남산은 신라인의 불교 신앙이 깃든 곳으로 산 곳곳에 수많은 불상과 석탑, 절터가 남아 있어 그 자체로 거대한 불교 박물관이에요. 경주는 신라인이 물려준 문화유산과 전통문화를 잘 이어가고 이를 널리 알리기 위해 2년마다 신라 문화제를 열고 있어요.

철의 도시, 포항시

포항시는 우리나라 동남쪽 영일만에 자리 잡은 도시예요. 1970년대 이전까지만 해도 작은 포구였던 포항은 포항 제철소가 들어서면서 놀랄 만큼 큰 도시가 되었어요. '포항 제철'이라는 공장 이름이 말해 주듯, 오늘날 포항은 도시 자체가 하나의 커다란 공업 단지라고 할 수 있어요.

포항은 제철소가 들어서면서 인구가 크게 늘기 시작해 2013년 기준으로 약 51만 8천 명이 살아요. 바다와 가까운 포항에 종합 제철소가 들어선 것은 철을 만드는 원료인 철광석, 역청탄, 고철 등의 원료를 대부분 배로 수입하기 때문이에요.

역청탄
검고 광택이 나는 석탄이에요. 역청탄은 높은 열량을 내기 때문에 화력 발전소나 철광석을 녹이는 데 많이 사용해요.

제철 공업은 '산업의 쌀'이라고 하는 철을 생산하는 아주 중요한 산업이에요. 철이 없으면 우리의 산업은 주저앉을 정도이지요. 자동차와 배는 물론 높은 건물의 골격도 철로 만들거든요. 포항 제철소는 1970년대 우리나라 산업 발전에 필요한 철을 만들어 냈고, 오늘날엔 세계에서도 내로라하는 규모로 성장했어요.

공업 도시인 포항에도 이름난 관광지가 있어요. 바로 호미곶이에요. 호랑이 모양의 한반도 지도에서 호미곶은 꼬리 부분이라고 할 수 있어요. 호미곶에서는 전국에서 해 뜨는 모습을 가장 먼저 볼 수 있어요. 해마다 이곳에서는 12월 31일부터 1월 1일에 호미곶 한민족 해맞이 축제가 벌어져요.

포항의 기후는 연평균 기온이 약 13℃로 동해의 영향을 받아 경상북도의 내륙 지역보다 따뜻한 편이에요. 연평균 강수량은 1,150㎜로 비가 적게 와요.

포항 제철소 전 세계에서 세 번째로 철강 생산 능력을 자랑하고 있어요. 자동차 강판, 건축 골조, 선박 강판 등을 생산해요.

동해의 끝, 울릉도와 독도

　오징어와 호박엿으로 유명한 울릉도는 동해에 있어요. 울릉도는 행정 구역으로는 경상북도 울릉군에 속해요. 울릉도는 주 섬인 울릉도와 울릉도에 딸린 관음도, 죽도, 독도 등의 섬으로 이루어져 있어요. 이 가운데 독도는 우리나라 동쪽 끝에 있는 섬으로, 울릉도의 동남쪽에 있어요.

　울릉도는 옛날에 우산국이라는 나라였어요. 그러다가 신라 지증왕 13년에 이사부가 울릉도를 정복한 이후 신라에 속하게 되었어요. 울릉도는 화산 활동으로 생긴 섬이에요. 넓이는 약 73.2㎢로 서울의 여의도보다 8배 정도 커요. 울릉도 한가운데에는 높이 984m의 성인봉이 우뚝 솟아 있어요. 섬의 북부에 있는 나리 분지는 울릉도에서 가장 넓은 평지로 화산 폭발 때 움푹 파인 곳이에요. 나리 분지 안에는 알봉이라는 봉우리가 있어요.

　울릉도 앞바다는 한류와 난류가 만나 오징어, 꽁치, 명태 같은 물고기가 많이 잡혀요. 울릉도는 바다에서 습기를 머금은 바람이 불어와 매우 습해요. 연평균 기온은 12.4℃이며, 겨울에 눈이 많이 내려요.

　2013년 기준으로 울릉도의 인구는

울릉도의 나리 분지 울릉도는 섬 전체가 가팔라요. 하지만 섬 중앙에 있는 나리 분지는 평평해요.

> **독도 앞바다**
> 한류와 난류가 만나 플랑크톤이 풍부하여 어족이 다양하고 많아요.

1만 명이 조금 넘어요. 이 가운데 약 20%는 농사를 짓고, 절반이 넘는 주민은 고기잡이를 해요.

독도는 우리나라에서 가장 동쪽 끝에 있는 섬으로 울릉도에서 동남쪽으로 87.4㎞ 떨어져 있어요. 행정 구역상의 주소는 경상북도 울릉군 울릉읍 독도 이사부길과 독도 안용복길이에요. 독도는 동도와 서도로 나뉘고 주위에는 89개의 바위섬이 딸려 있어요. 동도는 꼭대기가 비교적 평탄해서 등대와 독도 경비대의 막사가 있어요. 서도는 동도보다 조금 더 크지만 봉우리가 뾰족하고 경사가 심해요. 독도 주변 바다에는 어족 자원이 풍부해요. 바다 밑에는 귀중한 자원도 묻혀 있고요.

일본은 독도를 자기네 땅이라고 우기며 일본의 영토로 만들려 하고 있어요. 이에 우리나라에서는 독도 관광과 독도 가꾸기 등으로 독도가 우리 땅임을 알리는 활동을 꾸준히 펼치고 있어요.

독도 수비 독도에는 경찰인 독도 경비대가 주둔해 있고, 독도 앞바다는 해양 경찰이 지키고 있어요.

경상남도의 심장, 창원시

　창원시는 경상남도의 남동부 해안에 있어요. 남쪽으로는 마산만과 진해만이 위치하고 있지요. 삼국 시대에는 가야 지역에 속했으며 철 생산지로 유명했어요. 창원은 우리나라의 남단에 있어서 기후가 따뜻해요. 연평균 강수량은 1,540㎜로 비가 많이 와요. 창원은 경상남도청이 있어 경상남도의 행정, 교육, 문화를 담당해요.

　창원시는 1970년대 이전까지만 해도 한적한 농촌이었어요. 그러다 1973년에 창원 국가 산업 단지를 조성하면서 기계 공업 도시로 우뚝 섰어요. 또한 2010년에는 마산과 진해를 통합하면서 경상남도에서 가장 큰 도시가 되었지요. 창원시는 크게 옛 창원 지역과 진해, 마산 지역으로 구가 나뉘어져 있어요.

　성산구와 의창구는 옛 창원 지역이에요. 성산구에는 창원 국가 산업 단지가 있어요. 이곳에 산업 기계, 정밀 기계, 운송 기계, 전기 기기, 기계 부품 업체들이 모여 있어요. 의창구에는 논과 밭이 대부분이며, 세계적인 철새 도래지인 주남저수지가 있어요.

　옛 진해는 진해구가 되었어요. 진해는 일제 강점기에 군항이 들어서면서 발전했어요. 해마다 봄에는 진해 군항제가 열리는데, 이때마다 전국에서 관광객이 몰려 와요. 옛 마산은 마산회원구와 마산합포구로 나뉘어 있어요. 마산항 주변에는 공장들이 많이 모여 있어요.

진해 군항제 해마다 봄이면 35만 그루의 벚나무가 한꺼번에 꽃망울을 터뜨려요. 이 시기에 맞춰 진해 군항제가 열려요.

창원의 기계 공장 창원에는 농기계, 굴삭기 등 산업에 필요한 다양한 기계를 생산하는 공장이 모여 있어요.

바다의 도시, 통영시

청정 수역
바다의 오염을 막고 자원을 보호하려고 정한 바다 위의 일정한 구역이에요. 청정 수역에서는 공장을 함부로 지을 수 없고, 유조선이 지날 수도 없어요.

통영시는 경상남도 남해안에 있어요. 조선 시대에 이곳에 삼도수군통제영(삼도 수군의 총 사령부)이 있어서 통영이라는 이름이 생겼어요. 통영의 앞바다에는 여러 섬이 흩어져 있어요. 한산도, 미륵도, 하도, 매물도 등 이곳 섬들은 140여 개로 전라남도의 신안 다음으로 많아요. 통영의 섬과 바다는 경치가 빼어나 한려 해상 국립공원으로 지정되어 있어요.

통영 하면 깨끗한 바다와 굴 그리고 이순신 장군이 떠올라요. 통영은 양식업으로도 유명해요. 앞바다는 청정 수역으로 지정되어 있어서 육지에 공장을 함부로 지을 수 없고, 바다에는 해양을 오염시키는 유조선

통영의 양식업
앞바다에서 기른 굴과 우렁쉥이는 가까운 일본과 중국으로 수출을 많이 해요.

한려 해상 국립공원 통영 앞바다는 경치가 빼어나서 관광객들이 많이 찾아요.

도 지날 수 없어요. 통영 앞바다는 수면이 잔잔해서 양식업에 유리하지요. 통영의 어민들은 굴과 우렁쉥이(멍게)를 뗏목이나 밧줄에 매달아 바닷물 속에 넣어 길러요. 특히 굴 양식이 활발해 경상남도에서 가장 많이 굴을 생산해요. 이 밖에 꼬막과 진주조개도 양식하며, 통발 안에 미끼를 넣어 장어를 잡는 통발 어업도 발달했어요.

예로부터 바다에서 고기잡이를 했던 통영 사람들은 독특한 수공업을 개발했어요. 바로 나전 칠기예요. 나전 칠기는 까만 옻칠을 한 장롱과 보석함 위에 종잇장처럼 얇게 썬 전복과 소라, 조개껍데기로 무늬를 만들어 붙이는 기법이에요. 400년을 이어 온 통영의 나전 칠기는 고운 빛깔과 색깔로 세계 사람들을 감탄시키고 있어요.

통영 앞바다의 한산도는 임진왜란 때 이순신 장군이 왜군과 맞서 승리한 한산 대첩으로 유명해요. 이순신 장군은 한산도 앞바다에서 왜군을 거의 전멸시켰어요.

불교와 유교가 뿌리내린 문화유산

불국사(사적 제502호)
통일 신라 시대의 절로 불교의 세계관과 철학이 건축물에 잘 표현되어 있어요. 유네스코 세계 문화유산이에요.

석굴암(국보 제24호)
경상북도 경주시에 있는 통일 신라 시대의 절이에요. 석굴에 화강암으로 조각한 불상이 들어 있어요. 불상은 실제 부처가 앉아 있는 것처럼 표정과 옷이 정교하게 조각되어 있어요. 불국사와 함께 유네스코 세계 문화유산이에요.

도산 서원(사적 제170호)
퇴계 이황은 경상북도 안동시 도산면에 서당을 짓고 제자들에게 유학을 가르쳤어요. 이황이 죽자 그의 제자들은 그를 추모하기 위해 서당 옆에 도산 서원을 세웠어요.

영주 선비 문화 축제

영주시는 우리나라의 최초의 서원인 소수 서원이 있을 정도로 유교적인 전통이 깊어요. 영주시는 조상들의 유교 전통을 살리기 위해 해마다 선비 문화 축제를 열어요. 축제에서는 한시 백일장과 선비 체험하기 등 다양한 행사가 열린답니다.

9 제주특별자치도 이야기

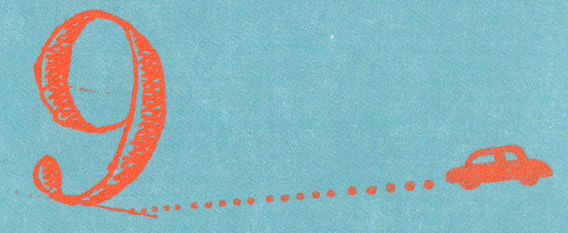

제주도는 경치가 이국적이고 아름다워 국내는 물론 해외에서도 인기 있는 관광지예요. 유네스코 세계 지질 공원, 세계 자연 유산, 생물권 보전 지역, 세계 7대 자연공원으로 지정된 제주도에 대해서 알아보아요.

휴양과 관광의 섬, 제주특별자치도

제주특별자치도는 우리나라에서 가장 큰 섬인 제주도와 우도, 마라도 등 작은 섬으로 이루어져 있어요. 넓이는 약 1,832㎢로 서울보다 3배 정도 넓어요. 인구는 2013년 기준으로 약 58만 3천 명으로 우리나라 인구의 약 1%를 차지해요. 제주도는 제주시와 서귀포시로 나뉘어요.

통일 신라 시대까지 제주는 '탐라'라는 독립 국가였는데, 고려 숙종 때부터 고려에 속하게 되었고, 제주로 이름이 바뀌었어요. 제주는 '바다 건너에 있는 고장'이라는 뜻이에요.

제주도는 화산 활동으로 만들어진 섬이에요. 그래서 제주도만의 독특한 화산 지형이 나타나요. 높이 1,950m인 한라산 꼭대기에는 분화구인 백록담이 있어요. 한라산 아래로는 한라산이 폭발할 때 생긴 360여 개의 기생 화산이 있는데, 이런 화산을 오름이라고 해요. 협재굴, 만장굴 등은 뜨거운 용암이 흐른 뒤 만들어진 용암 동굴이에요. 용암이 높은 곳에서 떨어지면서 식으면 육각 기둥의 주상 절리가 생겨요. 이러한 곳에 생긴 폭포가 정방 폭포와 천제연 폭포예요.

제주도는 겨울에도 따뜻하고 비가 많이 와요. 한라산 북쪽과 남쪽의 기후가 다르다는 것도 특이한 점이에요. 한라산이 찬 북서 계절풍을 막아 주어 남쪽의 서귀포시가 북쪽의 제주시보다 따뜻해요. 강수량은 서귀포시가 제주시보다 많아요. 서귀포는 연평균 강수량이 1,920㎜로 경상남

나는 신혼 때를 생각하면서 바닷가의 올레길을 걷고 싶어.

나는 한라산의 둘레길을 걸어 백록담까지 올라갈 거야.

난 말을 탈 거예요. 삼별초군과 싸워 이긴 몽고군이 이곳에 말을 키우기 시작했대요.

제주도
제주도는 화산섬이에요. 화산이 폭발할 때 분출한 용암이 해안까지 흘러서 굳어졌으며, 섬 전체가 경사가 완만해요.

도의 거제시와 함께 우리나라에서 비가 가장 많이 내리는 지역이에요.

제주도에는 바람이 무척 많이 불어요. 그래서 예로부터 집과 밭 주위에 돌담을 두르고, 지붕을 줄로 묶어 놓곤 했어요. 제주도는 또한 태풍이 지나는 길목에 있어서 여름에는 태풍이 자주 찾아와요.

제주도의 땅은 구멍이 숭숭 뚫린 현무암 지대여서 물이 땅속으로 빨리 스며들어요. 그래서 제주도에는 논은 거의 없고 대부분이 밭이에요. 앞바다에서는 갈치, 고등어, 옥돔 등이 많이 잡혀 어업도 발달했어요.

제주도에서는 뭐니 뭐니 해도 관광과 서비스업이 가장 큰 산업이에요. 유네스코 세계 자연유산, 세계 7대 자연 경관, 세계의 지질 공원으로 지정될 정도로 볼거리가 아주 많아요. 독특한 화산 지형과 아름다운 경치는 제주도를 세계에서 인정한 휴양지로 만들었어요.

제주도의 중심, 제주시

제주시는 제주도의 행정, 경제, 문화의 중심지예요. 2013년 기준으로 제주시의 인구는 약 42만 9천 명으로, 제주특별자치도 전체 인구의 약 70%의 인구가 제주시에 살아요. 제주시에는 제주 국제공항과 제주항이 있어서 교통이 편리해요. 제주시의 기후는 연평균 기온이 약 15℃로 온화한 편이에요. 연평균 강수량은 1,700㎜로 비가 많이 와요.

제주시 사람들은 밭에서 감자, 당근, 유채, 녹차를 많이 재배해요. 한라산의 높이 200~400m의 초원에서는 소와 말, 양을 키우는 목축업을 많

> 만장굴은 용암이 빠르게 흐르면서 지나간 자리에 생긴 동굴로 세계 자연유산이란다. 길이가 7.4km나 되지.

> 동굴 속이 긴 터널 같아요.

> 와! 옛날에 이곳으로 용암이 흘렀다니!

> 만장굴에서는 천연기념물로 지정된 황금박쥐도 산단다. 전 세계적으로 희귀한 박쥐지.

이 하고, 돼지와 닭도 많이 길러요.

　제주시의 관광지로는 용두암과 제주도의 탄생 설화가 담긴 삼성혈 등이 있어요. 또 협재굴과 만장굴은 용암이 흘러내려 만들어진 동굴로, 기기묘묘한 동굴의 모습이 인상적이에요. 하얀 모래사장이 이어지는 협재 해수욕장과 함덕 해수욕장은 제주에서 이름난 관광지예요. 이 밖에 관광객들이 즐길 수 있는 테마 공원과 제주도의 옛길을 살린 올레길도 제주에서 손꼽히는 관광지예요.

　제주시의 대표적인 유적지로는 고려의 삼별초군이 몽고군에 대항해 끝까지 싸웠던 항몽 유적지가 있어요.

지리 뉴스

제주 올레길에 가다

올레는 집 대문에서 마을길까지 이어지는 아주 좁은 골목을 뜻하는 제주도 말이에요. 옛날 제주도에서는 '오라, 오래'라고 불렀어요. 올레는 제주에만 있는 독특한 문화예요. 올레는 검은 현무암으로 쌓은 담이 이어지는 골목을 말해요. 올레는 집과 마을을, 나와 세상을 이어 주는 길로 발전했어요. 구불구불 이어지는 제주 돌담길은 해안까지 이어지며 제주를 하나로 연결해요. 사람들은 제주 올레길을 조용히 걸으면서 복잡한 생각과 마음 속 상처들을 툭툭 내려놓고 새로운 힘을 얻어요. 진정한 나를 찾는 올레길은 가까운 일본에까지 전해졌어요. 제주도는 올레길 브랜드를 2012년 일본 규슈 섬에 팔았어요. 일본은 제주의 올레길을 자기 나라에 맞게 잘 살려놓았답니다.

올레길

제주 관광의 1번지, 서귀포시

한라산 남쪽에 있는 서귀포시는 따뜻한 기후와 빼어난 경치로 국제적인 관광 도시가 되었어요. 서귀포는 우리나라에서 날씨가 가장 따뜻해요. 연평균 기온이 16.6℃이고 연평균 강수량은 1,920㎜로 우리나라에서 비가 가장 많이 오는 곳 중에 하나예요. 겨울에도 온도가 영하 이하로 내려가는 적이 거의 없는데, 북쪽에 병풍처럼 두르고 있는 한라산이 차가운 북서 계절풍을 막아 주어서 그렇답니다.

서귀포의 대표적인 산업은 감귤 농사와 관광 산업, 어업이에요. 기후가 따뜻한 서귀포는 난대 식물인 감귤 재배에 유리해요. 제주도 감귤은 조선 시대에 왕에게 바치는 귀한 물품이었어요. 감귤 농사는 1960년대까지만 해도 농가의 소득을 올려 주었어요. 감귤 나무 몇 그루만 있으면 그 수입으로 자녀를 대학까지 공부시킬 수 있었지요. 그러나 1970년대 이후에 감귤 재배 농가가 많이 늘어나면서 각 개별 농가의 소득은 크게 줄었어요. 이에 서귀포에서는 새로운 품종을 개발하고 보급하여 주민들의 소득을 올리기 위해서 노력하고 있어요.

서귀포는 빼어난 자연경관 덕분에 관광객들이 끊이지 않아요. 한라산 등반과 오름 산책도 큰 즐거움이에요. 바닷가 경치가 뛰어난 곳으로는 섭지코지, 용머리 해안, 주상 절리를 꼽을 수 있어요. 동쪽 해안에 볼록 튀어나온 섭지코지는 봄철이면 노란 유채와 성산 일출봉을 배경으로 한 풍

> 헉! 주상 절리 절벽으로 정방 폭포가 떨어지네.

> 서귀포에는 경치가 빼어난 곳이 많은가 봐. 괜히 세계 7대 자연경관으로 지정된 게 아니야.

정방 폭포
물줄기가 서귀포시 해안으로 떨어져요.

경이 뛰어나요. 산방산 밑에 있는 용머리 해안은 마치 용이 머리를 쳐들고 바다로 뛰어드는 모양을 닮았다고 하여 이름 지었어요.

서귀포 앞바다에서는 갈치와 옥돔, 고등어가 많이 잡혀요. 제주 어시장에서는 그날 잡은 싱싱한 생선이 전국으로 팔려 나가고 있어요.

지리 백과

기생 화산을 뜻하는 오름

기생 화산은 커다란 화산 옆에서 분출한 작은 화산을 말해요. 제주도에서는 이것을 '오름'이라고 불러요. 제주도에는 오름이 360여 개나 있어요. 오름은 정상이 백록담처럼 움푹 파인 것이 많아요. 다랑쉬 오름, 용눈이 오름, 아부 오름, 산굼부리, 천아 오름이 대표적인 오름이에요. 성산 일출봉도 화산이 폭발하는 과정에서 만들어진 오름이랍니다.

9 제주특별자치도 이야기

제주도의 이모저모

제주특별자치도는 화산섬으로 지형이 독특하고 경치가 아름다워요. 아름다운 섬이지만, 옛날에는 왕의 노여움을 산 선비들의 유배지이기도 했어요. 화산이 분출하여 빚어낸 제주의 지형을 감상하고 문화유산도 알아보아요.

제주특별자치도 인구(만 명) (안전 행정부, 2013)
- 제주 42
- 서귀포 15

특산물 감자
특산물 돼지고기
특산물 녹차
특산물 백련초
특산물 감귤, 한라봉
특산물 갈치
특산물 옥돔
특산물 고등어

산업 관광 산업, 어업, 농업

제주시청
제주특별자치도청
제주시
서귀포시
서귀포시청 제2청사
서귀포시청 제1청사

유배지 문화유산

추사 유배지 (시도기념물 제59호)
조선 후기의 문신이자 서화가였던 김정희는 제주도에서 유배 생활을 했어요. 김정희는 이곳에 머물면서 추사체를 완성하고, 〈완당세한도〉를 그렸어요. 제주도에는 그가 유배 생활을 하며 남겼던 흔적이 곳곳에 남아 있어요.

유네스코 지정 자연환경 3관왕

생물권 보전 지역, 한라산
한라산에는 한라구절초, 털진달래 같은 섬 특유의 식물이 많이 자라고 제주족제비, 무당개구리, 느시두루미 등 희귀한 동물이 살아요. 이러한 가치 때문에 유네스코에서는 한라산을 생물권 보전 지역으로 지정했어요. 한라산뿐만 아니라 서귀포 앞바다에 있는 섶섬, 문섬, 범섬, 영천, 효돈천 등도 생물권 보전 지역이에요.

세계 자연유산, 성산 일출봉
성산 일출봉은 제주도에 분포하는 360여 개의 기생 화산 가운데 하나예요. 성산 일출봉은 해안의 경치와 어우러져 아름다워요. 한라산, 거문 오름 용암 동굴계도 세계 자연 유산이에요.

세계 지질 공원, 중문 대포 해안 주상 절리대
지금으로부터 약 10~30만 년 전에 분출한 용암이 해안 절벽으로 떨어지면서 식어 육각기둥 모양의 주상 절리가 만들어졌어요. 주상 절리를 비롯해 한라산, 성산 일출봉, 산방산 등의 열 곳이 세계 지질 공원으로 지정되어 있어요.

제주 들불 축제

매년 3월에 제주시 애월읍 봉성리 새별오름에서 불 놓기 행사가 열리는데, 이것이 들불 축제로 발전했어요. 들불은 밭농사를 많이 짓는 제주에서 해충을 없애려고 예로부터 해 오던 행사예요. 아름다운 불꽃 쇼와 함께 횃불 대행진과 화산 분출 쇼가 펼쳐져요.

10 북한 이야기

북한은 한반도를 가로지르는 군사 분계선의 북쪽 땅이에요.
북한은 분단된 뒤 남한과는 거의 교류를 하지 않았어요.
하지만 최근에 북한은 조금씩 변하고 있어요.
남한의 자본으로 금강산 관광과 개성 공단 등을 만들면서 서서히 문을 열고 있답니다.
북한의 주요 도시와 자연을 둘러보면서 변화하고 있는 북한에 대해서 알아보아요.

대륙으로 가는 관문, 북한

북한은 1953년 7월에 맺은 휴전 협정으로 생긴 군사 분계선의 북쪽 지역을 말해요. 우리나라에서는 북부 지방이라고 부르며, 낭림산맥을 경계로 서쪽은 관서 지방, 동쪽은 관북 지방으로 구분하지요.

북한은 서쪽으로는 황해를 사이에 두고 중국 대륙과 마주하고 있으며, 북쪽으로는 압록강과 두만강을 경계로 중국 만주와 러시아의 시베리아와 맞닿아 있어요. 강대국과 마주하고 있는 북한은 정치·군사적으로 아주 중요한 지역이에요.

남한의 정식 이름이 대한민국인 것처럼 북한도 정식 이름이 있어요. 북한의 공식적인 이름은 '조선민주주의 인민 공화국'이에요. 북한의 면적은 한반도 전체 면적, 22만 3171㎢의 55%인 12만 3138㎢를 차지하고 있어요. 인구는 2010년 기준으로 약 2418만 명이에요.

높고 험한 자연환경

북한의 지형은 낭림산맥이 북쪽에서 남쪽으로 뻗어 있으며, 여기서 서쪽으로 강남산맥, 묘향산맥 등이 뻗어 있어요. 낭림산맥 동쪽으로는 함경산맥이 뻗어 있고, 백두산에서 시작된 마천령산맥이 함경도 해안까지 북에서 남으로 지나요. 북한에는 2,744m인 백두산을 비롯해 북수백산, 희사봉, 북포태산, 관모봉 등 2,000m가 넘는 산이 50여 개나 있어요. 한

백두산
백두산은 화산 활동으로 생긴 산이에요.
백두산은 지금도 화산 활동이 계속되고 있어요.

반도의 지붕이라고 일컫는 개마고원도 넓게 차지하고 있지요.

북한의 큰 하천은 대부분 황해로 흘러요. 두만강만 동해로 흘러들지요. 북한에서 가장 길이가 긴 압록강을 비롯하여 대동강, 청천강, 예성강 등은 황해로 흘러들며, 그 주변에는 작은 평야들이 펼쳐져 있어요.

북한도 남한처럼 동해안은 해안선이 단조롭고, 서해안은 수심이 얕고 밀물과 썰물의 차가 커서 갯벌이 넓게 발달했어요. 북부 지방의 기후는 어떨까요? 북쪽에 있으니까 남한보다 겨울이 길고 더 춥겠지요. 내륙으로 갈수록 기온이 낮아지는 것도 남한과 같아요. 북한에서 가장 추운 곳은 백두산 주변의 삼지연과 중강진이에요. 중강진은 1933년 1월에 영하 43.6℃를 기록한 적도 있어요. 강수량은 원산 일대가 많은 편이고, 개마고원 지역이 가장 적어요.

북한의 학생들
북한은 소학교 4년, 중학교 6년, 대학은 4~7년 과정으로 되어 있어요. 학생들은 김일성 일가에 대한 교육과 기술 교육을 주로 받아요.

풍부한 자원과 산업

북한은 남한에 비해 지하자원이 풍부해요. 북한에는 다양한 광물이 묻혀 있어요. 마그네사이트, 중석, 몰리브덴, 흑연, 중정석, 금, 운모, 형석 등 8종 광물은 매장량이 세계 10위 안에 들어요. 철, 은, 납, 아연, 구리, 니켈, 코발트 등도 세계적인 규모를 자랑하지요. 철광석은 함경북도 무산을 중심으로 황해도 은율과 재령 일대, 함경남도 북청, 강원도 창도 등에 많이 묻혀 있어요. 금·은광은 북한 전역에 널리 묻혀 있지요. 아연은 함경남도 단천, 평안남도 성천, 황해도 은파 등의 40여 개 광산에 분포되어 있으며, 특히 함경남도 단천의 검덕광산이 규모가 가장 커요. 마그네사이트는 북한에 전 세계 매장량의 약 50%가 매장되어 있을 정도로 풍부하답니다.

북한은 풍부한 지하자원을 기반으로 중화학 공업이 발달했어요. 평양에는 기계와 제철, 강계는 자동차, 신의주는 섬유와 조선, 해주는 비료 공업이 발달했어요. 나진·선봉 경제 특구 지역도 공업이 발달했어요. 이곳에서는 해외의 자본을 끌어들여 공업을 발달시키려 하고 있어요.

광업과 공업이 발달한 것에 비해 북한의 농업은 형편없어요. 북한은 농사를 지을 수 있는 땅이 전체 넓이의 16%밖에 안 돼요. 그중에서 밭이 70%를 차지해 식량이 되는 쌀과 보리 등은 많이 생산되지 않아요. 쌀은 관서 지방의 평야에서 조금 생산될 뿐이랍니다. 이 때문에 홍수가 나고 가뭄이 들 때마다 매번 식량난으로 북한 주민들이 굶주리고 있어요.

지리 뉴스

북한의 희토류 매장량은 세계 2위

희토류는 란탄, 세륨, 디스프로슘 등의 원소를 일컫는 말로 희귀 광물의 한 종류예요. 희토류는 화학적으로 안정적이며 열을 잘 전달하는 성질이 있어 삼파장 전구, LCD 연마 광택제, 가전제품 모터 자석, 광학 렌즈, 전기차 배터리 합금 등의 제품을 생산할 때 쓰여요. 이 때문에 전 세계의 관심이 희토류에 집중되고 있어요. 희토류가 없으면 우리가 쓰고 있는 가전 제품을 만들 수 없거든요. 세계에서 희토류가 가장 많은 나라는 중국이에요. 중국은 미국과 일본과의 무역 분쟁이 생길 때마다 희토류 수출을 금지하고 있어요. 이때마다 희토류 가격은 급등하여 전자제품을 생산하는 주요 나라들은 애를 먹고 있답니다. 북한은 희토류가 매우 풍부한데, 광물 매장량으로는 4600만 톤이 넘어 중국 다음으로 세계에서 두 번째로 많답니다.

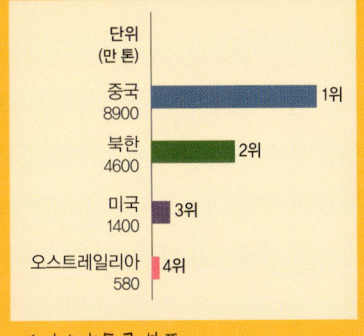

세계의 희토류 분포

북한의 수도, 평양시

평양시는 북한의 수도이자 제1의 도시예요. 또 고조선과 고구려의 도읍지였던 곳으로 문화유산이 풍부해요. 지리적으로는 평안남도 서남부에 있으며, 낭림산맥에서 시작된 대동강이 도시 한가운데를 가로지르며 황해로 흘러가요.

평양은 경의선, 평남선, 평원선 철도가 갈라지고, 개성, 원산, 남포 등으로 연결되는 고속 국도가 집중된 교통의 중심지예요. 최근에는 대동강에 서해 갑문이 건설되어 수로 교통도 편리해졌어요.

평양은 여러모로 우리나라의 서울과 비슷한 면이 많아요. 서울이 한강을 끼고 발달했듯이 평양은 대동강가에 자리를 잡았고, 서울 가까이에 남한 최대의 수도권 공업 지역이 있는 것처럼 평양에도 북한 최대의 평

갑문
물의 높이가 다른 두 곳 사이에 배가 지나갈 수 있도록 만든 시설이에요.

서울이 한강을 끼고 도시가 발달했듯이 평양은 대동강가에 자리 잡았어요.

평양 시내에는 북한에서 가장 좋은 류경 호텔을 비롯해 유원지와 놀이공원이 있어요. 고층 빌딩과 아파트도 많아요.

양 공업 지역이 만들어졌어요. 또한 서울의 한강 하구에 김포평야가 있듯이 평양의 대동강 하구에는 평양평야가 있어요. 서울의 한강에는 여의도와 밤섬 등의 섬이 있듯이 대동강에는 능라도, 양각도, 반월도 등의 섬이 있지요. 서울의 서쪽에 항구 도시 인천이 있는 것처럼 대동강 하구에 북한 최대의 항구 도시인 남포가 있어 평양의 관문 구실을 한답니다. 평양 시내에서 가장 번화한 곳은 창광거리인데, 서울의 명동거리와 비슷하지요.

서울이 조선 시대 600년 도읍지로서 역사와 전통이 깊은 도시이듯, 평양은 고조선과 고구려의 도읍지로서 역사가 무척 오래된 도시랍니다. 평양은 427년에 고구려 장수왕이 평양으로 도읍을 옮기면서 고구려의 도읍지가 되었고, 고려 시대에는 평양을 서경이라 했어요. 조선 시대에 평양은 서북 지방의 중심 도시였지요. 평양은 남북이 분단된 뒤부터 오늘날까지 북한의 수도로 북한의 정치·경제·문화 등의 중심지가 되었어요. 평양의 대동강 유역에서는 고구려 시대의 고분이 많이 나왔는데, 고분에 그려진 벽화는 고구려의 생활상을 알 수 있는 귀중한 자료들이에요. 또 다른 고구려의 유적인 대성산성은 우리나라 산성 가운데 규모가 가장 큰 것으로 유명해요. 이 밖에 조선 시대 평양성의 동문인 대동문도 평양을 대표하는 유적이에요.

평양 대동문 대동강을 건너 남쪽으로 통하는 문으로서 평양성의 성문 가운데 가장 중요한 중심지였어요.

외국인이 자유롭게 오고 가는 개방 지역

북한은 국가의 경제를 정부가 통제하는 공산주의 국가로 김일성 일가가 60년 넘게 통치하고 있어요. 북한에서는 개인이 자유롭게 경제 활동을 거의 할 수 없고, 해외 여행은 물론 국내 여행도 마음대로 할 수 없어요.

오늘날 북한은 정부가 오랫동안 경제를 통제하면서 경제가 어려워졌어요. 이러한 경제 사정을 극복하기 위해 북한은 최근에 조금씩 나라의 문을 열고 있어요. 그러나 북한은 갑작스러운 개방으로 자칫 북한의 체제가 무너질 것을 염려해 일부 지역만 개방을 추진하고 있어요.

주요 개방 지역은 신의주 특별 행정구, 나진·선봉 경제 특구, 개성 공업 특구, 금강산 관광 특구 등이에요. 이 지역들은 북한이 오래전부터 교류했던 중국, 러시아 등과 지리적으로 가까우며, 남한과의 협력에 유리한 곳이에요.

북한의 개방 지역 중국 경제 특구의 발전을 보고 계획하게 되었어요. 북한의 개방 지역은 외국인이 자유롭게 투자할 수 있어요.

신의주 특별 행정구

신의주 특별 행정구는 2002년에 북한이 신의주 지역을 개발하기 위해 중국의 자본을 유치하여 만들었어요. 신의주 특별 행정구에서는 북한의 법이 적용되지 않고 독립적인 법이 적용돼요. 북한은 신의주 특별 행정구를 2052년까지 금융·무역·상업·공업·오락과 관광 지구로 조성할 계획이에요. 신의주 특별 행정구 가운데 황금평 지역은 개발에 가장 앞서고 있어요. 전체 면적이 14.4㎢에 이르는 황금평 지역은 문화·섬유·농업·전자 정보·상업·무역 서비스 산업이 집중 육성될 계획이에요.

신의주의 압록강 철교 신의주는 중국의 단둥시와 압록강 철교로 이어져 있어요. 압록강 하구에 있는 신의주는 특별 행정구로 지정되면서 중국의 자본을 끌어들여 새로운 도시로 탈바꿈할 것을 기대하고 있어요.

나진·선봉 경제 특구

나진·선봉 경제 특구는 1991년에 북한이 두만강 개발 사업의 하나로 지정한 경제 무역 지대예요. 두만강 개발 사업은 중국의 경제 특구를 본뜬 것으로 두만강 하류에 있는 나진과 선봉 일대 지역을 경제 특구로 지정한 것이에요. 북한은 나진, 선봉, 청진을 자유 무역항으로 지정했어요.

북한은 동북아시아 교통의 요지인 이곳에 중계 무역 기지와 수출 가공 단지를 건설하려고 개발을 서두르고 있답니다.

중계 무역 다른 나라로부터 사들인 물자를 가공하지 않고 그대로 제3국으로 수출하는 형식의 무역이에요.

개성 공업 특구

개성 공업 특구는 북한이 2002년에 공업 특구로 지정한 뒤에 공단이 조성되기 시작했어요. 개성은 평양에서는 160㎞ 거리에 있지만, 서울에서는 불과 60㎞ 떨어진 곳이에요. 남한의 경제인과 북한 정부의 대표는

2000년에 만나 개성에 공업 단지를 만들기로 의견을 모았어요.

　우리 기업은 2004년부터 들어가기 시작해 섬유, 시계 부품, 의류, 가방, 신발, 주방 용품 등 여러 가지 제품을 만들고 있어요. 남한은 값싼 북한의 노동력을 이용할 수 있고, 북한은 공업 단지와 도로를 놓는 데 비용이 전혀 들지 않아 서로에게 이로워요.

금강산 관광 특구

　금강산 관광 특구는 금강산 지역에 지정한 관광 특구예요. 금강산 관광은 우리나라 기업인 현대 그룹이 주도하여 시작되었어요. 남한 사람들은 1998년 11월에 처음으로 금강산 관광을 하게 되었지요. 이것은 남북 분단 이후 처음으로 남한의 민간인들이 북한 관광을 한 역사적인 사건이었어요. 금강산 관광이 열리기 전에 남한 사람들은 아무리 돈이 많아도 북한을 여행할 수 없었거든요. 금강산 관광은 우리 정부가 경제가 어려운 북한을 돕는 포용 정책과 맞물려 결실을 맺었어요. 하지만 금강산 관광은 북한이 남한을 위협할 때마다 중단되고 있어요.

금강산 기암괴석이 층층 절벽을 이루며 줄지어 솟아 있어요.

지리 뉴스

개성 공업 단지에서 인기 있는 초코파이

개성 공업 단지에서 일하는 북한 근로자는 약 5만 3천 명이에요. 북한의 일반 직장인의 월급이 2천~3천 원에 불과한데, 개성 공업 단지 근로자의 월급은 10만 원이 넘어 이곳은 북한 사람들에게 '꿈의 직장'이에요.

개성 공업 단지에서 가장 인기 있는 것은 무엇일까요? 바로 초코파이예요. 초코파이는 남한 기업이 북한 근로자들에게 간식으로 주던 음식이었어요. 북한 근로자들은 인기가 많은 초코파이를 돈과 바꾸기도 하고 있어요.

백두산은 어느 나라 땅인가요?

우리나라에서 가장 높은 산은 높이가 2,744m인 백두산이에요. 백두산은 북한에 있기 때문에 우리나라 사람들이 자유롭게 드나들지 못해요. 그런데 최근에는 북한 땅을 거치지 않고 백두산 천지에 오르는 사람들이 많아졌어요. 어떻게 된 일일까요? 그것은 사람들이 중국을 거쳐 백두산에 올랐기 때문이에요. 원래 백두산은 오롯이 우리나라 땅이었지만 현재는 북한의 함경북도와 중국 경계에 있어요. 우리나라 땅이었던 백두산은 중국에 청나라가 들어서면서 국경을 두고 다툼이 시작되었어요.

백두산은 한반도와 만주 지방까지 굽어 보는 우리나라의 최고봉이에요. 만주 지방은 오늘날 간도라고 부르는 지역이에요. 이곳은 고구려와 발해의 땅이었고, 그 뒤에도 우리나라 사람이 땅을 일구고 살았어요. 하지만 중국에 청나라가 들어서면서 우리나라 사람들을 쫓아내기 시작했고, 이곳에서 살지 못하게 했어요. 이때부터 우리나라와 청나라의 국경은 모호하게 되었어요.

간도는 예로부터 우리나라 터전인데, 청나라는 이를 인정하지 않았어요. 1712년에 청나라와 조선은 경계를 명확하게 확정짓고 정계비를 세웠어요. 청나라 관리는 이때 간도에 정계비를 세우지 않고

백두산 정계비와 북한의 국경 백두산 정계비는 "서쪽은 압록강이고, 동쪽은 토문강이다."라고 청나라와 우리나라와의 경계를 긋고 있어요.

백두산 산 정상 주변에는 화산 폭발 때 쌓인 화산재가 덮여 있어요.

백두산 장백 폭포 천지에서 물이 떨어져 생긴 폭포예요. 폭포수는 송화강으로 흘러들어요.

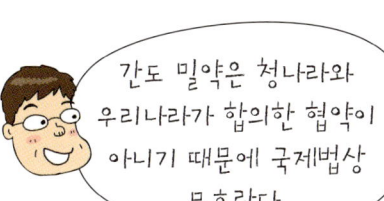

간도 밀약은 청나라와 우리나라가 합의한 협약이 아니기 때문에 국제법상 무효란다.

백두산에 정계비를 세웠고, 조선은 간도의 서쪽 땅을 청나라에 내주게 되었어요. 19세기 중반에 우리나라 사람들이 간도로 많이 이주하면서 청나라와 조선 사이에는 또다시 국경 분쟁이 생겼어요.

백두산 정계비에는 토문강 동쪽을 조선 땅이라 한다고 써 있어요. 청나라는 토문강을 두만강이라 주장하고, 조선은 만주의 송화강이라고 주장하며 국경을 명확하게 정하지 못한 채 청나라와 조선의 회담은 끝이 났어요. 토문강을 만주의 송화강으로 하면 북간도는 조선의 땅이에요.

1905년 을사조약으로 조선의 외교권을 빼앗은 일본은 처음에는 간도를 조선의 땅이라고 했어요. 그러나 곧 태도를 바꾸어 1909년에 청나라와 간도 밀약을 맺고 간도를 청나라에 넘겨 주었어요. 이렇게 소유자인 우리나라를 빼고 협약을 맺은 것은 국제법상 무효예요. 간도와 백두산은 우리나라가 중국으로부터 되찾아와야 할 우리 땅이랍니다.

통일된 한반도는 어떤 모습일까요?

우리나라는 분단된 지 60년이 넘었어요. 고대부터 역사를 함께한 남한과 북한이지만 오랜 기간 동안 분단되면서 남한과 북한은 서로의 언어와 사고방식 등 많은 것이 달라졌어요. 하지만 최근 들어 북한이 개방을 하고 우리나라와 경제 교류를 하면서 통일에 대한 희망이 생겼어요. 통일된 한반도는 어떤 모습일까요?

북한은 물론 유럽과 중국, 러시아와의 교통이 편리해져요. 기업이 만든 물건을 수출할 때 빠르게 수송할 수 있지요. 유럽이나 아시아, 러시아에 수출할 때는 북한을 거쳐 기차를 타고 물건을 실어 나를 수 있거든요. 우리는 개성, 평양, 백두산, 신의주를 거쳐 중국과 유럽으로 여행을 갈 수도 있어요.

국토를 효율적으로 이용할 수도 있어요. 북한은 한반도의 지붕이라 할 정도로 높고 험한 산이 많아요. 서해안을 빼고는 이렇다 할 넓은 평야가 없지요. 그래서 곡물을 많이 생산할 수 없어요. 하지만 철, 금, 은, 석탄 등 지하자원이 풍부한 것이 큰 강점이에요. 이에 반해서 남한은 넓은 평야가 많아요. 통일이 되면 기업은 공장을 북한에 두고 남한의 기술과 북한의 값싼 지하자원을 이용할 수 있어요. 또 통일이 되면 전쟁에 대한 불안감이 없어서 국방비를 크게 줄일 수 있어요. 통일이 되어 남북한이 협력한다면 우리나라는 더욱더 잘사는 나라가 될 수 있을 거예요.

통일 후 대륙으로 연결되는 철도망　　대륙과 만나는 한반도 철도망

지리 뉴스

통일의 교훈, 독일에서 찾자

우리나라의 통일을 이야기할 때면 많은 사람이 독일의 통일을 말해요. 독일은 통일된 뒤 몇 년 동안 경제가 위축되고 기업들도 경쟁력을 잃었다고 하지요. 독일은 동독 사람들에게 일자리와 복지를 제공하면서 한동안 경제가 어려웠어요. 하지만 독일은 오늘날 세계 4위의 경제 대국으로 성장했어요. 독일이 경제적으로 우뚝 설 수 있었던 데에는 여러 가지 이유가 있어요. 서독의 기업들은 동독 지역에서 새로운 투자 기회를 찾으면서 경쟁력이 강해졌어요. 공산주의 국가였던 동독 지역은 투자하는 기업이 늘어나면서 사회에 필요한 여러 기반 시설을 갖추게 되었지요. 서독 사람들은 처음에 동독 지역을 개발하기 위해 세금을 많이 내서 불만이 많았어요. 하지만 20년이 지난 지금은 통일을 통해 독일이 크게 발전했다는 데에 큰 자부심을 갖고 있어요.

북한의 이모저모

남한과 북한은 분단된 이후 북한에는 공산주의 체제가, 남한은 자본주의 체제가 들어섰어요. 북한은 지하자원이 풍부하여 공업이 발달했지만 오랜 독재 정치와 막대한 군사비 지출, 서방 세계의 경제 제재가 겹쳐 남한에 비해 경제가 크게 뒤처졌어요.

- 나진·선봉
  - 산업 중계 무역
- 무산
  - 지하자원 철
- 함경북도
- 산업 자동차 공업 — 강계
- 함경남도
- 부전
- 북청 / 단천
  - 지하자원 금, 은
  - 지하자원 아연, 몰리브덴
- 산업 섬유, 조선 공업
- 특산물 배
- 평안북도
- 신의주
- 함흥
  - 지하자원 철
  - 특산물 함흥 냉면
- 지하자원 아연
- 개천
- 흥남 — 산업 비료
- 순천
  - 지하자원 석탄
- 성천
- 산업 제철, 기계 공업
- 특산물 평양 냉면
  - 지하자원 철
- 평안남도
- 특산물 쌀
- 평양
- 사리원
- 황해도
- 강원도
- 은율
- 은파
- 창도
- 재령
- 지하자원 철
- 지하자원 아연
- 해주
- 개성
- 지하자원 철
- 산업 비료
- 특산물 금, 은
- 산업 섬유 공업, 농업
- 특산물 인삼
- 군사 분계선(휴전선)

현재 북한에서 쓰고 있는 도 구역 (2012년 기준)

- 함경북도
- 나선특별시
- 양강도
- 자강도
- 함경남도
- 평안북도
- 평양직할시
- 평안남도
- 남포특별시
- 황해북도
- 강원도
- 황해남도

심각한 식량난

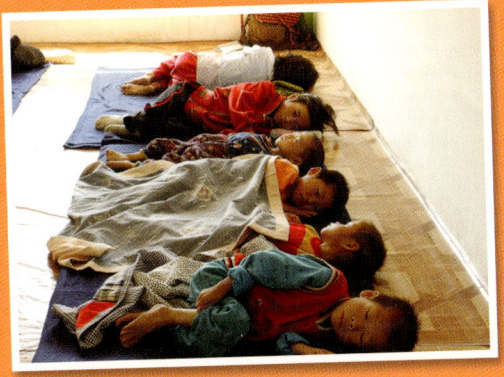

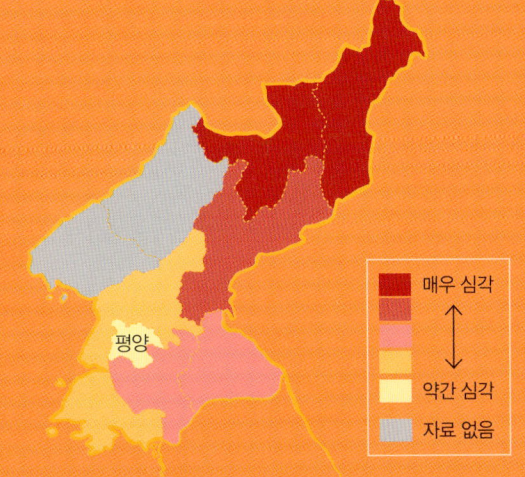

영양실조로 누워 있는 북한 아이들
북한은 1990년 중반부터 심각한 식량 위기를 겪어 어린아이와 노인, 임산부의 영양 상태가 아주 나빠졌어요. 특히 임산부와 유아가 영양을 충분히 공급받지 못해 태어난 지 얼마 안 되어 죽는 영유아가 아주 많아요.

심각한 식량난
북한은 겨울이 길고, 산지가 많아 농사짓기에 불리해요. 게다가 해마다 가뭄이 들어 식량 생산이 줄어들고 있어요. 특히 산지가 많고 강수량이 적은 북동 지역이 식량난이 더 심각하지요.

남북한 경제 지표

북한의 인구는 남한의 절반가량 돼요. 북한은 국민 소득, 무역은 물론 철강과 자동차 생산에 이르기까지 남한에 비해 형편없이 뒤쳐져 있어요. 하지만 지하자원은 남한보다 아주 풍부하지요.

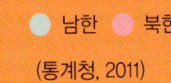
(통계청, 2011)

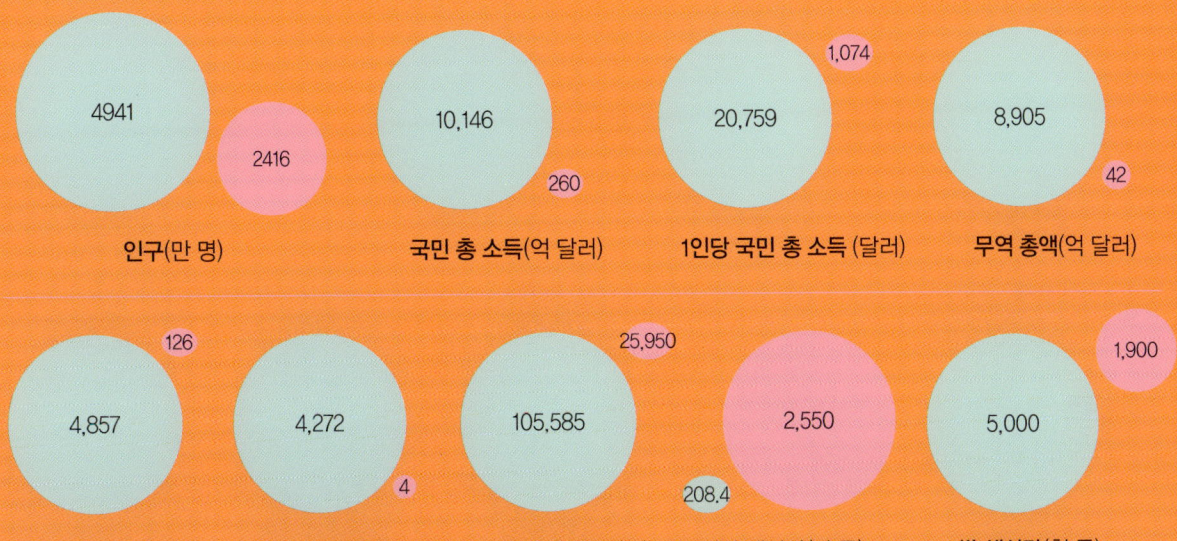

구분	남한	북한
인구(만 명)	4941	2416
국민 총 소득(억 달러)	10,146	260
1인당 국민 총 소득(달러)	20,759	1,074
무역 총액(억 달러)	8,905	42
철강 생산량(만 톤)	4,857	126
자동차 생산량(천 대)	4,272	4
도로 총 연장(km)	105,585	25,950
석탄 생산량(만 톤)	208.4	2,550
쌀 생산량(천 톤)	5,000	1,900

사진 출처

공주시청, 국립공주박물관, 굿이미지, 김제시청, 독립기념관, 부여군청, 부산국제영화제, 서산버드랜드, 성남시청, 신안군청, 안동시, 연합뉴스, 영주시청, 울주군청, 제주관광공사, 청주고인쇄박물관, 해양경찰청, doopedia PhotoBox, Dreamtime, Photos, Shutterstock, Wikimedia Commons(날개, のりまき, Asfreeas, bae6607, Gaël Chardon, Junho Jung, Mätes II., myllissa, Mx kouhosei, Nagyman, P.Cps1120a, Prince Roy, SJ Yang, Songk1122, Steve46814, Tae Hoon Kang, Theda Grimoire, Urashimataro, Whoisgalt, w:ko:)

- 이 책에 실린 사진은 저작권자의 허락을 받아 게재한 것입니다.
- 저작권자를 찾지 못해 게재 허락을 받지 못한 일부 사진은 저작권자가 확인되는 대로 게재 허락을 받고 통상 기준에 따라 사용료를 지불하겠습니다.

| 찾아보기 |

ㄱ

간도 · 192
갑문 · 186
강릉 단오제 · 107
강릉시 · 106
강원도 · 102
개성 공업 특구 · 189
경기도 · 88
경부 고속 국도 · 58
경상도 · 154
경인 고속 국도 · 58
경인선 · 58
경제 자유 구역 · 71
경주시 · 158
경주 양동 마을 · 154
경포대 해수욕장 · 106
계절풍 · 34
고랭지 농업 · 103
고속 철도 · 59
공주 송산리 고분군 · 126
공주시 · 126
관계적 위치 · 34
광양시 · 148
광역시 · 70
광주 비엔날레 · 74
광주광역시 · 74
국토지리정보원 · 23
군산시 · 138
근교 농업 · 94
금강 · 47
금강산 · 44
금강산 관광 특구 · 190
기생 화산 · 45

기초 자치 단체 · 54
김제시 · 140
김포평야 · 50
김해평야 · 51

ㄴ

나진 · 선봉 경제 특구 · 189
낙동강 · 47
낙화암 · 127
남동 계절풍 · 52
남이섬 · 105
남한산성 · 99
남해안 · 49
내비게이션 · 15

ㄷ

다도해 · 49
대구광역시 · 76
대동강 · 47
대릉원 · 159
대산 공업 단지 · 129
대전광역시 · 72
대축척 지도 · 21
도산 서원 · 169
도성 · 127
도시화 · 89
독도 · 163
독도법 · 27
독립 기념관 · 124
동고서저 · 40
동두천시 · 97
동해안 · 48
두만강 · 47
등고선 · 24

ㅁ

무령왕 금제 관식 · 131
무안군 · 142

ㅂ

방위 · 25
배타적 경제 수역 · 38
백두산 · 43
백제 문화제 · 131
벽골제 · 151
부산광역시 · 80
부소산성 · 131
부여군 · 126
부천시 · 94
북서 계절풍 · 52
북한 · 182
분지 · 64
불국사 · 169
비무장 지대 · 39

ㅅ

사진 측량 · 18
삼각주 · 47
새만금 간척지 · 138
서귀포시 · 176
서산시 · 128
서울특별시 · 64
서해안 · 49
석굴암 · 169
설악산 국립공원 · 108
석호 · 108
설악산 · 44
성남시 · 92
성산 일출봉 · 179

세연정 · 151
세종특별자치시 · 68
소축척 지도 · 21
속초시 · 108
수도권 · 89
수리적 위치 · 32
수원 화성 · 90
수원 화성 문화제 · 99
수원시 · 90
순천만 · 135
슬로시티 · 145
신안군 · 144
신의주 특별 행정구 · 188
실측도 · 22

ㅇ

안동 하회 마을 · 156
안동시 · 156
안양시 · 94
압록강 · 47
역청탄 · 160
양양군 · 108
여수시 · 146
여울 · 47
연교차 · 52
영공 · 38
영남 지방 · 81
영동 지방 · 102
영서 지방 · 102
영주 선비 문화 축제 · 169
영토 · 36
영해 · 37
오름 · 177
오죽헌 · 113

오창 과학 산업 단지 · 121
올레길 · 175
울릉도 · 162
울산광역시 · 78
원도 · 18
원시림 · 45
위성 도시 · 95
위치 · 32
의상대 · 109
의정부시 · 96
인공위성 · 17
인구 밀도 · 102
인구분포도 · 57
인천광역시 · 70
인천 국제공항 · 71
일기도 · 21
일반도 · 20
일일생활권 · 59
임해 공업 지역 · 58

ㅈ

자갈치 시장 · 82
전라남도 · 134
전라도 · 134
전라북도 · 134
전주 대사습놀이 · 136
전주 비빔밥 · 137
전주시 · 136
정부 세종 청사 · 69
제주 들불 축제 · 179
제주시 · 174
제주특별자치도 · 172
조선 왕릉 · 99
조차 · 82

주상 절리 · 179
주제도 · 20
중계 무역 · 189
중원 고구려비 · 123
중화학 공업 · 78
지도 · 14
지류 · 47
지리 정보 · 12
지리산 · 44
지리적 위치 · 33
지리학 · 12
지방 자치 단체 · 54
지역 브랜드 · 55
지평선 축제 · 151
지형도 · 20
직선 기선 · 38
직접 측량 · 18
직지심체요절 · 120
진해 군항제 · 165

ㅊ

창원시 · 164
천수만 · 128
천안시 · 124
첨성대 · 158
청정 수역 · 166
청주시 · 120
추사 유배지 · 178
축척 · 26
춘천 댐 · 105
춘천시 · 104
충주시 · 122
충주호 · 123
충청남도 · 116

충청도 · 116
충청북도 · 116
측량 · 18
칠보산 · 43

ㅌ

태백산 산신제 · 113
태백산 눈 축제 · 111
태백산맥 · 102
태백시 · 110
태안 해안 국립공원 · 117
토지 이용도 · 21
통상 기선 · 37
통영시 · 166

ㅍ

편찬도 · 23
평양시 · 186
평양평야 · 50
포항 제철소 · 161
포항시 · 160
풍남문 · 137

ㅎ

하회 별신굿 탈놀이 · 157
한강 · 47
한라산 · 45
항공 사진 · 17
항공도 · 21
해도 · 22
해륙풍 · 80
해리 · 37
해운대 해수욕장 · 82
행정 수도 · 68

현지 조사 · 18
호남 지방 · 74
호남평야 · 51
홍성군 · 118
희토류 · 185